なりたい〈せんせい〉になる

学びのABC

教育・保育テキスト＆ノート

文・絵　阿部　宏行

本書の構成について

　本書の作成のきっかけは，新型コロナウイルスの蔓延により，オンラインでの授業に切り替わったことです。本来であれば，演習など，実際に材料に触れて実感できることが減少しました。これらの課題も含め，テキストとして，また書き込みのできるノートとして作成を試みました。自宅で遠隔操作（リモート）による授業を受けながら，必要に応じて製作したり，かき込んだりして活用します。製作した作品は，写真に撮るなどしてコメントを入れてリモートで提出します。提出された作品の写真などに，私がコメントを入れたり，オンラインでのライブ授業で画面を通して相互交流をしたりします。

　子どもの気持ちでつくる視点と先生としての指導の視点を交差させることで，子どものつくりだす喜びをどのように支援できるか，課題や環境の設定などを考える「場（プラットフォーム）」になります。

　他の人たちと課題を共有したり，解決に向けて学び合ったりする場を構成する「媒体」として，この『学びのABC』を利用してほしいと思います。

　まずは子どもの気持ちを，つくったり，かいたりして感じ取ります。その上で，どうしたら…という先生の目で，見つめ直します。大学の授業だけでなく，教員研修などでも利用できます。指導の改善につながる楽しいテキスト＆ノートです。

　第Ⅰ部は，人類が選んだ子育て，学校の存在意義，学びと成長などを，「雑学」という構成で書いています。

　第Ⅱ部は，指導・保育の基本について。第1章「指導（保育）の基本」，第2章「造形表現の基本」，第3章「日常執務の基本」，第4章「表現に関する執務」を，イラストを中心に構成しています。

　第Ⅲ部は「自然と遊び」として，自然とのかかわりの重要性を「散歩」の観点で書き，製作などを通して学ぶ構成になっています。

■ 本書は「造形表現」に関係することに特化して，子どもの資質・能力の充実を図る「学び」を提案しています。

★ 右のQRから，本書『学びのABC』に関連する日本文教出版発行の『造形のABC』『育みのABC』『子どものABC』の画像を閲覧することができます。尚，本書掲載QRコードのリンク先のコンテンツは予告なく変更または削除する場合があります。

目次

はじめに

ソウイウ先生ニナリタイ

「ソウイウ先生ニ　私ハナリタイ」
「子ドモニ　先生！コレ面白イ！　トイワレ」「親ニ　家デモ楽シソウニ　ツクッテイマス　トイワレ」「マワリノ先生ニ　指導ガスバラシイ　トイワレ」

　私にはなりたい先生の姿があります。子どもの気持ちに寄り添い，子どもの成長を喜び，同僚にも憧れをもって尊敬される先生です。

　先生は日々教室で，子どもと笑い，子どもに泣き，そして，自分に嘆き自省しているといえます。少しでもいい先生になりたいと，教室で孤軍奮闘しています。しかし，なかなか理想の先生像に近づいているとは言い難い毎日です。
　今日も，子どもが「先生，これ，ここに付けたいんだけど」と，ビー玉を，ペットボトルの側面に接着したいと，困った顔でやってきます。こんな時「そう」と，にこやかに対応しながらも，内心「困った。どうしたら…」の状態になります。造形表現を指導する際に，「道具（用具）」や「材料」の扱いについての知識や経験が，指導の工夫の有無を決めることがあります。表現の発達を踏まえた上で，道具（用具）の安全で適切な使い方によって，子どもは自在に自分の思いを表現することができます。

　その子どもの傍らに「ソウイウ先生」がいたとしたら，素敵なことです。この本から得られる知識は貴重なものになります。
　私のなりたい先生は
・子どもの理解者としての先生（発達と表現方法の選択）
・造形表現に対して先駆的な役割を担う先生（自省と試行，そして開発）
・子どもの活動を見守り，支援などを的確に行う先生（指導と評価，指導の工夫）
などができる人です。

　子どもには「ゆめ」があります。
　私にも「ゆめ」があります。
「ソウイウ先生ニ　私ハナリタイ」

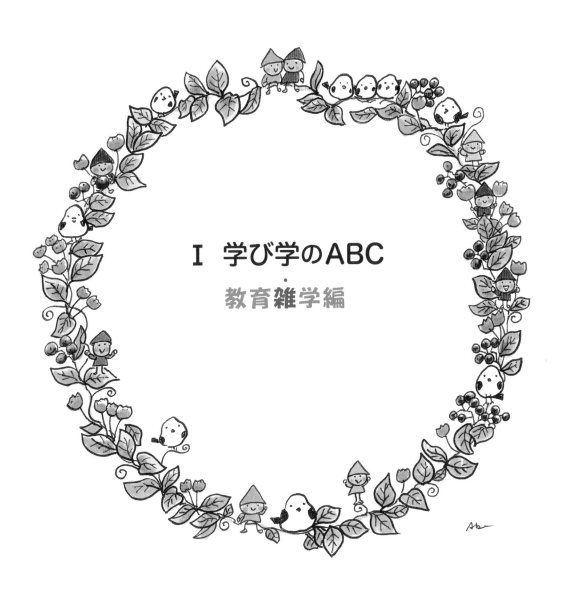

I 学び学のABC

教育雑学編

学びの対象は，自分が決める

　私たちには，意に反して，つい「違う！」と言ってしまうことがあります。特に，「自分が決めよう」と思っていた瞬間に，他人に指摘されたりすると，答えを覆して反対のことを言ってしまったりします。

　ある学者は，人間には「自分で決めたい」という本性があり，それを邪魔されると，つい反対の行動に出てしまうというのです。そうです。素直に「ごめんなさい」が言えないときなどのことです。

　「自分で決める」ことは，主体的な思考や判断の表れといえます。「私が○○と判断するのは，○○が理由だからです」などは，答えの根拠を持とうとしている表れです。

　「役に立つ・立たない」で学びを決めるのも，どうでしょう。すぐに役に立つもののなかには，すぐに役に立たなくなるものもあります。学びには，あることをきっかけに調べたり，深めたりすることもあります。

　この本は，「雑学で何がわるい！」[1] という佐伯氏の「教育学」の投稿をきっかけとして書き始めました。

　その投稿には，教育を語る「オコガマシサ」と，居心地の悪さがあり，聖人君子でもない者が「教え」を授けるのも恥ずかしい気持ちから，部屋の隅に追い込まれそうになると書かれています。

　その居心地の悪さの一つが，子どもの視点がなく，「教えて進ぜよう」という教育観にあります。私が何度も経験してきた教育は「学びながら教え，教えながら学ぶ」というもので，「教える側」「教えられる側」に区分されるのでなく，両方が支え合って成り立っている実感がありました。なので「オコガマシサ」が充満するのです。

　大切なのは，「教えること」と「学ぶこと」を分けてしまわずに，両者をそのまま受け入れて，原点を問い直したり，異なる考えが浮かんだりする宙ぶらりんの状態が「探究」の過程であると，素直に思えることなのでしょう。この「わからなさ」に「わかったふりをしない」「わかったことにする」などを戒め，「わかりたい」という気持ちに火をつける「学び」の姿があります。そこに他人の学びにかかわらずにはいられない「教え」の姿が存在するのです。人間はこうして文化を創出し，伝承してきたのです。

　「見えないもの」をみようとして，人間は科学や医学，天文学などのさまざまな学問を深化させてきました。その解明の追求の過程で思考力を働かせ，「答え」を導き出してきました。それが「学問」です。しかし「見えないもの」を見ようとしても，見出すこともできず，問いが生まれ，葛藤することもあります。それは命や心の問題だったり，人間の存在意義だったりします。答えのないものを追求するのは「問学」[2] です。学びとは，学びの対象はさまざまであっても，追求のやむことのない「問学」なのでしょう。

1）佐伯胖ほか『新版　教育学がわかる　AERA Mook』朝日新聞社，2003
2）最首悟「いのちとは　問い続ける」朝日新聞，2022. 8. 2付け

「教育学」は雑学の頂点

　この第1部は,「教育学は雑学である」という言葉に背中を押されて作成しました。

　教育学を構成しているのは,哲学,心理学,現象学,社会学,政治学,歴史学,統計学,経済学,生理学などなど,雑多な学問のパッチワークなのです。このパッチワークは,さらにたて糸とよこ糸で構成され,人間の成長を支え,護る布になっているのです。しかしこの布は,飾り物の「キレイゴト」として,実践の場に「アテハメル」ものではありません。実践の場は,理論にとって試練の場です。予想だにしない子どもの世界があることを心して,向き合う必要があります。

　さて「教育原理」には,絶対的な「神」がいて,遠くから崇めるようなイメージがあります。ここにいるのは神は神でも「八百万の神」で,それこそ部屋の隅にも,原っぱにも,引き出しの中にもいるようなよろずの〈神〉です。そして,そこは専門店でもなく,デパートでもない「街の雑貨屋」です。ところどころには品物が積み重なって,埃にまみれ,今にも崩れそうな雑貨屋です。

　私はそこの店番ですが,商売気はほとんどありません。いっしょに,面白いものを探すお手伝いはできますので,好きなところから読んでみてください。コンビニのように,買い手に親切に陳列していませんので,少しの手間はご容赦ください。また,日本文教出版発行の「ABC」シリーズから再掲載しているページもあります。引用したり参考にしたりした出典には,書籍名を入れていますが,「用語」で検索したウィキペディアの文章を掲載したものもあります。より深く学びたいと思う方には,「本書はあくまで参考」までにしてください。研究したり論文等を執筆したりする場合には,もとの文献などを調査して正確に掲載してください。

　さてさて,最高峰の「雑学」ならば,おとぎ話を子どもや孫に聞かせるように話し始めることができます。舌切り雀も,おむすびころりんも,はなさかじいさんも,お話の中に人生訓のような生き方を示唆する内容が「物語」として組み込まれ,私たちの心の中に記憶として残り,伝承されていきます。これは最高の「教え」といえます。

　さあ,始めましょう。「あのね。むかしむかし,あるところに…」

　どうぞ,学びの扉を開けて,雑学を楽しんでください。

　ボストン美術館にあるフランスの画家ポール・ゴーギャンが 1897 年から 1898 年にかけて描いた絵の「我々はどこから来たのか　我々は何者か　我々はどこへ行くのか」には，人間の生きて死ぬまでの人生が群像でかかれています。

　私たちは，いつから「人間」として生きることになったのでしょうか。

■ 人間原理（出典：フリー百科事典『ウィキペディア（Wikipedia）』なので参考までに，以下も同様）

　人間原理とは，物理学，特に宇宙論において，宇宙の構造の理由を「人間の存在に求める」考え方です。「宇宙が人間に適しているのは，そうでなければ人間は宇宙を観察し得ないから」という論理を用いています。宇宙を観測しているのが人間なので，その論を立てるのも人間です。宇宙は「人間」を誕生させるために，138 億年もかけてきたと考えるなんて，なんて壮大な物語なのでしょう。

　太陽系の形成は約 50 億年前，つまり宇宙誕生から 80 億〜90 億年後です。そして地球が誕生したのが約 46 億年前以降です。そのころの地球は水蒸気，雲として大気中に存在し，やがて微惑星の衝突がおさまり表面温度が下がると地殻が形成され，水蒸気は雨として降り海洋を形成したと考えられています。こうした活動が続いたこともあり，約 40 億年前には地球のほぼ全体が海で覆われるようになったことから「生命の誕生」を発現させる条件が整ったといえます。

■ 原始的な人類の登場―ラミダス猿人「アルディ」　_{図1)}

　440 万年前，直立二足歩行が可能となった初期の人類の一種である "アルディピテクス・ラミダス" が登場しました。アルディピテクス・ラミダスには樹上で暮らしていた霊長類の名残があり，足でも物を掴むことができました。身長は 120cm 程度です（図：新聞記事）。

ラミダス猿人「アルディ」の想像図
＝©J.H.Matternes

　同時期には，草原に生活空間を求めた他の種族であるアウストラロピテクスも登場しました。脚は長く，まっすぐになり，足先も伸びる進化を遂げました。これに対して，直立歩行をすることなく森に留まった種族は，アウストラロピテクスほどの変化は生じず，脳が拡大するもことなく現在のチンパンジーやボノボへと進化していきました。

　人生 100 年時代といいますが，人類の誕生から現代までを朝 9 時から午後 5 時までの 8 時間に例えてみると，そのうちの 7 時間 57 分は，食料を追い求めて絶えず移動していたといいます。その結果，さまざまな身体機能も発達したのです。農耕は午後 4 時 58 分にはじまり，産業革命は 59 分 58 秒です。現在の農耕定住型の生活様式はわずか 2 分程度だといいます。「歩く」人類から，つまり「座す」ことを基本とする人類となったのです。₁₎

図 1）2009.10.2
朝日新聞

　　1）ヴァイバー・クリガン・リード著／水谷淳・鍛原多恵子訳『サピエンス異変』飛鳥新社，2018
　＊更科功『絶滅の人類史　なぜ「私たち」が生き延びたのか』NHK 出版新書 541，2018
　＊ユヴァル・ノア・ハラリ著／柴田裕之訳『サピエンス全史　上・下』河出書房新社，2016
　＊三木成夫『胎児の世界　人類の生命記憶』中公新書 691，1983

■ 生理的早産と養育

　動物の子育てには，大まかに２種類あります。一方は，離巣性（生まれてすぐに巣から離れる）で運動能力に優れたウマ・アザラシ・サルなどが，これに該当します。他方の就巣性は，巣に餌を運んでもらう鳥やネズミなどです。人間は，「二次的就巣性」とよばれ，一定期間，親などの養護のもとに育てられます。

　ポルトマンは，人間の誕生について「生理的早産」と呼んで，他の動物のように母胎内で発達すべき神経組織や身体機能を持たず１年ほど早くに誕生するといいます。

　ですから，人間は未だ完成されていない状態で「社会」に送り出されるのです。しかしながら，人間が多様で個性的なのは「遺伝的に与えられた素質と，すでにまえもって存在する人間の社会機構との間の相互作用のうちに形成されていく」[1]という「社会」との関係で育つことです。

　１年ほど早く誕生する理由には，二足歩行による骨盤や産道など身体的理由や，集団で移動しながら食料を得ていたことを考えると，大きなお腹は移動に負担がかかるなどの理由が考えられます。そのため周囲の大人による「育児」をしながらの移動が推測されます。また，霊長類のチンパンジーの出産間隔は５年に１度です。人間は年子など，１年を待たずに，次の子どもを出産できる態勢が整います。ここにも，人間が共同で子どもを育児するシステムが構築されているといえるでしょう。

１）アドルフ・ポルトマン著／高木正孝訳『人間はどこまで動物か　新しい人間像のために』岩波新書433，1961

■ 動物と人間（ヒト）の子育ての違い

　「人間はなぜ子育てをするのか」という問いに対して動物には，自分自身の個体を維持しようとすると同時に，その種の保存をしようとする本能があります。動物と人間（ヒト）の子育てには違いがあり，自分の子孫が途絶えずに生きていけるように育てます。

　一般に，世代交代のシステムには３通りあります。第１は生存に必要な情報はすべて遺伝子に組み込まれています。第２に遺伝子に情報が載せきれずに，生後，個体が環境から学習するというシステムがあります。第３が第２に加えて，学習によって獲得した文化を次世代に伝達するシステムです[1]。

　人間は第３に属するといえます。つまり，人間は環境からさまざまなものを学習すると同時に，学習した内容を他者に伝え（教え），文化（情報）を共有する「教える−学ぶ」システムが構築されています。

　ドイツの哲学者カントのいう「人間は教育されなければならない唯一の被造物である」に行きつくのです。「教育」は生きていく上で欠かすことのできない営みなのです。

　子どもは環境からさまざまな情報を得て学び，生きるための術を身に付けることになります。また自然などの環境から学ぶ以外にも，親から子へ，兄弟同士で，そして，社会を構成している年長者から伝えられることもあります。そこに「学び」の場が誕生するのです。

１）磯部裕子，青木久子，大豆生田啓友『教育学への視座　教育へのまなざしの転換を求めて　第２版』萌文書林，2005
＊　池田隆英，楠本恭之，中原朋生編著他『なぜからはじめる　教育原理』建帛社，2015

■ 人間のもつ３つの特徴

　人類（ヒト）が木の上での生活から地上へ，そして，直立歩行（完全２足歩行）を選択する多くの時間を経て，食料を追い求めて移動することは，多くの危険も孕んでいました。大型の猛獣が昼夜を問わず，襲ってくることもあったでしょう。

　それらを回避できたのは，二足歩行による脳の巨大化があります。また身体の発達によって「言語」を使用してのコミュニケーションを可能にしました。言語を介した複雑な集団行動ができるようになったのです。そして，イメージする力（表象）によって，予測などの思考も発達しました。また，直立歩行によって自由になった手や指は，諸神経の発達とともに，ものをつくりだすことに寄与しました。

　このように人間は「創造」という力を得て，現代に至る文化・文明を築いてきました。これらは共同で問題を解決するという「社会」という組織をつくりだし，狩りなどによる食料調達や，のちには定住に欠かせない「農耕」も生み出すことになったのです。

　危険回避を目的とするならば，生まれてきた子どもは，すぐに立ち歩くことが求められます。また身重の体は，長い距離を歩くには一層の危険が伴ったと考えられます。人間は，生理的早産で１年ほど早く世に送り出された子どもを共同で育てるという「育児」によって，子孫を残すという営みをつくりだしたのです。集団で営む共同生活が，個々の人間の発達を一層促すことになったのです。新生児に対する集団による助力，すなわち愛情をもった世話が確かにされないと，姿勢，会話，精神，思考が人間性に導く軌道から外れてしまいます。立ち上がる行為を励まされ，また，歩くことができたと誇らしげに思うことも，社会の成立があってこそのものです。「育児」は人間社会の文化も育てたといえます。個人の成長と社会の成立は密接に関わっているのです。

＊トーマス・ズデンドルフ著／寺町朋子訳『現実を生きるサル　空想を語るヒト』白揚社，2015

◆ チンパンジーとボノボ

　チンパンジーは知っていても，「ボノボ」って何？となりますね。どちらもアフリカの熱帯雨林に住む霊長類です。見た目はそっくりですが，チンパンジーはオスを中心とした集団で，強い攻撃性を有しています。一方，顔が黒っぽいボノボは平和主義者で，オスとメスとは平等な関係を保ち平和な営みを築いています。この性格の違いを研究者たちは先天的なことと捉えています。ボノボとチンパンジーの生息地には，広大なコンゴ川が流れています。250万年〜100万年前に共通な祖先から別れ，川を隔てて双方に移動して，ボノボは「ピグミーチンパンジー」と呼ばれていました。チンパンジーは「少産多保護」で，子育てに長い時間をかけます。メスは5〜6年に一度しか出産しません。妊娠や子育ての間はほとんど発情せず，オスは交尾の機会をねらって激しい競争を繰り広げるといいます。一方，ボノボは子育てに時間をかけますが発情期間が長く，妊娠や子育ての間も交尾するといいます。オスもメスもお互いの性器をこすり合わせて緊張を和らげるあいさつもあるといいます。また，生息地にゴリラもいないため，食べ物の競合もないことも影響していると考えられます。

＊フランス・ドゥ・ヴァール著／柴田裕之訳『道徳性の起源　ボノボが教えてくれること』紀伊国屋書店，2014
＊朝日新聞「科学の扉」2015．1.19 発行記事

生命科学に造詣の深い中村桂子は，チンパンジーなどは学習するが，教えることはしないとし，人間だけが「教える」動物であるといいます。

「教育はまさに人間らしい行為」[1] なのです。本来，子どもは，生きものとしての学ぶ能力を備えています。

どんな生きものも「学ぶ」ところから始まるのです。「生きること」と「学ぶこと」は重なり合っているのです。相手の気持ちが分かるようになるなどの人間らしい能力は，「学び」の成果といえます。

発達や成長が先にあって「学び」があるのではありません。「学び」があって発達や成長が促されるのです。途切れることのない「生きる生命活動」としての「学び」によって，自己をつくりあげ，自己の個別性を可能にしているのです。

私たちが何気なく使っている言葉にも，生きることと，学ぶことの営みがあるのです。「人間は成長します。人間は成長する動物です」はどうでしょうか。一方，「人間は発達します。人間は発達する動物です」はどうでしょう。

「発達」という考え方には，科学的・分析的に階段をつくるような体系化する働きがあります。ですから，無目的ではなく，多くの人が共有化しながら合理的に進める響きがあります。

「発達に合わせて」，「発達を促すために」などは，学校教育の場面でも多く実践されています。しかし，「発達させるために」となると，教育の姿は一変します。それは，学習者の意志や主体性を無視する指導になります。学校は，制度上の「強制するシステム」であることを認識しておくことです。

親や先生は，子どもの成長の支援者として立ち居振る舞うことが重要なのです。「人間は成長します」。学ぶことを通して成長するのです。〈いま，ここ〉での学びが生きることであり成長への営みなのです。

1）大田堯，中村桂子『百歳の遺言　いのちから「教育」を考える』藤原書店，2018，P21

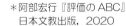

＊阿部宏行『評価のABC』
日本文教出版，2020

■ 子どもの存在　（出典：ウィキペディア参照）

　「スウォドリング（swaddring）」という風習が世界各地に残っていて，子育てに役立つ布の使い方として古くから行われてきました。日本では「おくるみ」（御包み）といいます。

　赤ちゃん用の防寒着で，衣服の上から全身を包むものをいいます。おおよそ首がまだ据わらない赤ちゃんのためのもので，体温や湿度の保持と姿勢の安定などを含む体の保護を主な目的として使用された布や衣服です。おくるみは，時代と地域によっての差異があります。

　中世ヨーロッパのおくるみは，乳児の手足をまっすぐに伸ばし，包帯状の布で一切の身動きが執れないほどに体を固定してしまうもので，心拍数を少なくして，泣き声をあげさせないようにしたといわれています。

　18世紀の哲学者ジャン・ジャック・ルソーが「精神と肉体の発育を妨げる」として抑圧的な子ども服全般を批判しました。それ自体が抑圧的なつくりであった大人の衣装の縮小版に過ぎませんでした。ヨーロッパの子どもたちの服の改革は，何世紀も取り沙汰された末に，子どもの体格や子どもらしさを持ち合わせた設計思想による「子ども服」の概念が実現しました。

　現在の子どもに対する考え方が，近代とはかけ離れていたことを示していますが，中世当時は多産多死で，生き残った乳児も，劣悪な環境のもと，大人になるのが難しい時代でした。親は，いつ死ぬか分からない子どもに愛情を注ぐこともなかったというのです。

　ですから，7～8歳以前の子どもは動物と同じ扱いであり，乳幼児死亡率が高く，5歳までは頭数に入らなかったといいます。そして，7～8歳になれば，言語によるコミュニケーションが可能になるため徒弟修業に出され，大人と同等に扱われ，飲酒も恋愛も自由とされたといいます。

　　＊フィリップ・アリエス著／杉山光信，杉山恵美子訳『〈子供〉の誕生：アンシァン・レジーム期の子供と家族生活』
　　　みすず書房，1980

◆七五三を祝う

　日本では「古来 “七つまでは神の子” とされ，七歳の祝いが終われば幼児期から少年少女期に入り氏子入りをすることになっていた。その意味では，七歳という年齢は一つの人生の節目である。」といわれます。

　　　　　　　　　　　　　　　　　　　　　＊（朝日新聞出版発行「とっさの日本語便利帳」）

　今も各地で行われる「七五三祝い」は，子どもの成長を願う日本古来から続く行事です。これは同時に，子どもの成長を妨げる「病気」や事故などで，死ぬことも多かったことにも通じます。諸説の一つに出雲地方では「3歳は言葉，5歳は知恵，7歳は歯」を神から授かるといわれ，心身の発達の節目を喜び，神に感謝する意味が込められています。

■「教育」の語源

　「教育」の語源は〈education〉の訳語で，江戸幕末～明治初期に遡ります。もともとは，学校的な営みの「訓」や「教」ではなくて，「産」と「育」で，「育」が中心であったといわれます。ところが，18世紀から19世紀にかけて「学校」の存在が増大すると「胎児を引き出す」（産育）ことから，子どもの「能力を引き出す」ことへ移行していきました。

　佐藤学は著書『学びの身体技法』で，従前の教育（education）の「引き出す」という語源を〈edu-care〉に求め，相手のために心を打ち砕く〈care〉の意味を重要視しました。これは，「引き出す」という大人からの子どもに対する一方的な営みではなく，双方向の応答的な営みであることを示しています。「ケア」という概念が教育の中心であることを意味しています。

　幼児教育でも「保育」と「教育」の言葉の問題があります。一般に「保育」は「養護と教育」（care and education）とされます。佐藤による意味から考えると「ケア」の本来の姿が浮き彫りになります。教室という場で，子どもは自分の物語を紡ぎ出すとともに，先生もまた自分の物語を生きているといえます。

*佐藤学『学びの身体技法』太郎次郎社，1997

■「教育」の漢字の成り立ち

　「教育」の「教」は「教え」を，「育」は育ちを指しているのが一般的な解釈といえます。

　この「教」（敎：旧字体）の部首は「攵」（のぶん）で攴部に属します。攴（とまた）ともいいます。「打つ・たたく」などの意味があります。「孝」は「倣う・習う」ことなので，「軽くたたいて指導する」となります。ですから，「教」には，何かを授けることと，倣い学ぶという意味があります。また，「育」は，子の字の逆さ「云」と，養う意味の「月」の合字で，「子どもが生まれ成長する」意味があります。

*青木久子，磯部裕子，大豆生田啓友『教育学への視座　第2版』萌文書林，2005

◆「学び」は既知から未知への「旅」である

　子ども中心主義の教育の創始者デューイは「教育とは，経験の意味を増加させ，その後の経験の進路を方向付ける能力を高めるように経験を改造ないし再組織することである。」[1]といいます。知識伝達に終始する教育についても，体験や活動を絶対視する教育についても，どちらも「学び」を実現しないと批判し，教材の「知識」を「地図」にたとえ，教科書に依存した学習は虚構の旅であり，「知識」を軽視した学習は，地図を与えず，子どもを彷徨わせているだけであるといいます。

1）デューイ著／松野安男訳『民主主義と教育（上）』岩波書店，1975
*デューイ著／市村尚久訳『学校と社会・子どもとカリキュラム』講談社，1998

7　教育と学習　そして，学び

■ 教育

　一般的に「教育」は，人から人へ，その多くは年長者から年少者へ伝達されることが大部分です。「人が人を育てる」といってもいいでしょう。

　【教育権】憲法26条には，子どもに対する「教育を受ける権利」と，保護者に対する「普通教育を受けさせる義務」を有していることを示しています。ですから「教育を受ける権利」を有する，子どもの「学習権」を保障しているといえます。

■ 学習

　「学習」は学習者から見た立場のものです。教えてくれる人がいなくても，自然から学んだり，書籍から学ぶこともできます。その一つの契機に「生涯教育」から「生涯学習」に変わった経緯があります。昭和61（1986）年の国の臨時教育審議会では，生涯にわたる学習は自由な意志に基づいて行うことが本来の姿であり，自分に合った手段や方法によって行われることの意味から，学習者の視点に立った立場を明確にするため，「生涯教育」ではなく，「生涯学習」にするとしています。学校や社会の中で意図的・組織的に行われる学習活動のほか，スポーツ活動，文化活動，趣味・娯楽，ボランティア活動，レクリエーション活動などを含め，「学習」を広くとらえています。この答申以後，「生涯学習」という用語が広く用いられることになりました。

> 【学習権】1985年のユネスコの国際成人教育会議で「学習権」が規定されました。「教育を受ける権利」が，「自ら学ぶ」という個人の学習する権利を認める内容になりました。「学習権」には，読み書きできる権利，疑問をもち考える権利，イメージして創造する権利，自分自身の世界を知り表現する権利，教育の機会を利用する権利，個人や集団の技能を高める権利などがあります。これらは，「人間は生涯学び続ける存在であり，自分を表現する存在であること」を再確認したといえるでしょう。

■ 学び

　その語源から，「まねる⇒まねぶ⇒まなぶ」など，真似ることに端を発しています。この学びを佐藤学は，「なぞり」（文化の伝承）と「かたどり」（学び手自身の文化の生成）の運動であるとし，江戸時代においては，「まこと（真・誠）を習うこと」と定義されていたといいます。認識の＜真実＞と，倫理の＜誠実＞の追求です。欧米においても，フランスの詩人ルイ・アラゴンの詩の一節「教えるとは未来を語ること，学びとは誠実さを胸に刻むこと」からも伺うことができます。我が国においては，「勉めて，強いる」という「勉強」（中国語では無理すること）が浸透しています。「勉強」は江戸時代から商売において値引きするなどの意味をもち，本来の「学習」であったものが，明治以降，知識を得るために努力することが「美徳」として奨励され浸透していったといわれています。現在は「勉強」からの脱却と「学び」の復権が重要視されています。その教育改革の一つが「活動的で協同的で反省的な学び」（アクティブ・ラーニング）で，国の教育施策の「主体的・対話的で深い学び」につながっています。

＊佐藤学『学びの身体技法』太郎次郎社，1997

*阿部宏行『子どものABC』
　日本文教出版，2016，P13

　子どもが成長するとか発達するというのはどういうことでしょう。

　何か教えられたり，学習したりしてできるようになることと区別して，発達心理学では，なぜか「できるようになっている」事態を指しています。その学んだことは「暗黙知」[1]とよばれ，自分の体に内在しているのです。

　なぜできるようになっているかの所説はありますが，現在主流になっているのは，さまざまな諸能力が相互に関係し合って構成される「構造」が整い，自ら対象に働きかけ，そして，その対象から働きを受けるような社会的な相互交渉によってネットワーク化され，一気に能力が高まり身に付く，というのが主流になっています。[2]

　ですから，私たちが学習するとか学ぶというのは，文化や社会の中に埋め込まれていて，人と人，人や社会との交わりなどから影響を受けながら発達しているというのです。

　幼稚園や保育園の砂場や園庭で繰り広げられる子どもにとっての「遊び」は，「学び」の場なのです。そこで大きな力になるのが「共感」[3]です。他者の考えを類推したり，他者の立場で考え行動したりすることで，一層磨かれるのです。他者とともに生きるための知恵としての能力が培われ，社会的関係の中で「よりよく生きる」ための知性が発達するのです。

　人間は「学ぶ」動物です。学びを放棄したとき，人間は人間でなくなってしまいます。その学びの原点はあかちゃんにあります。

１）中村雄二郎『臨床の知とは何か』岩波新書，1992
２）佐伯胖『幼児教育へのいざない　円熟した保育者になるために』ＵＰ選書280　東京大学出版，2001
３）佐伯胖『共感　育ち合う保育のなかで』ミネルヴァ書房，2007
＊佐々木毅『学ぶとはどういうことか』講談社，2012
＊ジーン・レーイヴ，エティエンヌ・ウェンガー著／佐伯胖訳『状況に埋め込まれた学習　正統的周辺参加』産業図書，1993

■ 学校の誕生

　歴史はなぜ，学校を必要としたのでしょう。学校に何を求めていたのでしょう。学校という「特殊性」を考えてみます。

　市民革命，産業革命を経た 18 世紀のイギリスにおいて，産業が発展し，資本主義社会における経済の基礎が確立しはじめます。そこでは熟練した職人ではなく，生産工程を従順に行う労働者を必要としました。一握りの「経営者」と多くの「労働者」という社会的な構造を生み出しました。

　その多くの労働者を育成する教育システムが必要となりました。ロンドン出身のジョゼフ・ランカスター（1778 − 1838）は，1796 年に私塾を開設し，3R's（読み reading，書き writing，算盤 arithmetic）を徹底して教えました。生徒管理の効率化，画一的で効率的な教授法，単純化された教材などによる指導はのちの思想家に影響を与えました。

【学校】school の語源はギリシャ語のスコーレ〈schole〉から来ているといわれています。スコーレとは，余暇などを意味します。この時代の上流階級が余暇としての「教養」を身に付ける学術的な対話を楽しんだことをもとにして〈 school 〉が誕生したといわれています。

【黒板】（ホワイトボードを含む）は，現在も教室の前面に配置されています。16 世紀のヨーロッパの教会学校などで用いられていたといわれています。近代教育制度が確立した 19 世紀以降一斉教授の授業形態が定着すると学校空間に不可欠な設備となりました。黒板は一斉に同一事項を伝達，指導するという近代以降の学校を象徴するものといえます。

　近代以前にも，古代ギリシャ時代に，アテネやスパルタという都市国家に学校は存在していました。初歩の読み書き，身体の鍛錬などが教授されていました。しかし，ここで学ぶ人は，極めて限られており，集団としての教養などが主でした。

【スパルタ教育】は，子どもは国家のものという考えから，7 歳になると集団での生活を強いられました。心身の鍛錬のため厳しい訓練が行われました。市民は成人しても，生業に就かず常に鍛錬を課されました。このことは強い軍隊を持つことにつながっていました。

　義務教育制度の確立は，限られた人々の「学校」から，全ての人々のための「学校」によって近代国家が成立したといえます。日本は明治 5（1872）年の「学制」に始まり，就学率を増加させていきました。就学の義務，教育の無償化，中立性の 3 原則によって，国民教育の成立となりました。

＊青木久子，磯部裕子，大豆生田啓友『教育学への視座　第 2 版』萌文書林，2005

10 身体への制御

■身体化する制度

　何気なく体が反応することがあります。「一列に並んでください！」に対してすぐに反応して並ぶことができるのも，その一つです。「並ぶ」という所作はいつからできたのでしょう。

　マンフォードは，早産によって生まれる人間は，幼児に対する大人からの「子育てなる従属期間」が言語だけにとどまらなかったと指摘します。身体もまた「つくり直す」という，人為的に身体をつくる文化を形成したといいます。「人間の最初の仕事は，環境を制御する道具をつくるのではなく，自己を制御する，なかんずく自己の無意識を制御する」[1]　として，その対象を自分の体に向けたといいます。

　呪術としての入れ墨や，化粧，装身具，仮面など，あらゆる民族に広く見られたことです。このような社会的な出来事の多くは，その原因が後から説明されるだけで，身体化された制度（文化）は，習慣や因習などとして広く深くいきわたることを証明しています。

　　　　　1) ルイス・マンフォード著／樋口清訳『機械の神話　技術と人類の発達』, 河出書房新社, 1981
　　　＊ドリンダ・ウートラム著／高木勇夫訳『フランス革命と身体―性差・階級・政治文化』平凡社, 1993

■近代国家（明治）を目指して行われてきたことが今にある

　人間の身体は，文化によって，人為的につくられます。例えば，幼児のしつけの一つには排尿や排便を知らせること，その次には自分でできるようになることも，身体への制御といえます。

　このような「文化」による身体への制御は「システム」としての文化によって，知らず知らずに身体化されています。近代国家のはじめといえる明治初期に，さまざまな施策とともに，新たな文化が浸透し，所作として身体化されていたのです。

　その一つに「行進」があります。「小学唱歌を歌いながら行進する」など，西洋のリズムに合わせて歩くことなどが奨励されたことがあり，日本独特の「ナンバ」（右足と同時に右手を出す歩き方）が，矯正されました。また，当時の農民にはできなかった集団で並んだり，行進したりすることも軍事訓練を受けてできるようになったといいます。現在は，幼い時期から，保育所などで並ぶこと，列になって一緒に歩くことなどが，日々繰り返されて，私たちの身体に刻まれています。

　「ラジオ体操」も，その始まりは「兵式体操」と考えられます。「ラジオ体操」には，健康保持の意味が多くありますが，そのもとになった「兵式体操」は，軍人養成の「従順，友情，威厳」の徳目の上にあったのです。入学式や卒業式，運動会や学芸会なども，「学校」という特殊な環境の中で行われてきた行事です。これも，私たちの身体に「学校文化」が組み込まれているということです。

　「学校」というシステムは，これら「文化の身体化」に大きな影響をもっているといえます。社会の中で生きていく上で，「躾（しつけ）」は，ときに行動や言動を規制する「文化装置システム」として働いています。それは，個人にとって「押しつけ」として，個人の表現や意思を規制する「同調圧力」にもなります。

　　　　　＊三浦雅士『身体の零度―何が近代を成立させたか』講談社選書メチエ, 1994

* 阿部宏行『授業のABC』
　日本文教出版，2014，P6

　「勉強」という漢字は「勉めて強いる」と書きます。「強いる」とは無理に押し付けることです。我が国において勉強は，「我慢して，無理してやらなければならないもの」という考えが根底にあります。果たしてそうでしょうか。子どものころは「よく遊べ，よく学べ」といわれてきました。この「遊び」のとらえ方が，時代とともに変わってきているように思います。

　「学び」には，自ら進んで主体的に行うものとする考え方があります。主体的といえば「遊び」も同じです。幼児期などは，遊びそのものが学びです。みんなと砂場で遊んでいる時には，社会性や創造性などが育まれます。それが，小学校から教科学習が本格化するようになると，「遊び」は，「勉強」と反対の極にあるもののように扱われはじめます。遊びは気晴らしであり，享楽的な扱いを受けるようになります。学びが「勉強と遊び」に分けられ，硬直化していくのです。

　私たちは，知識は「与えられて得る」と思い込まされてきました。勉強は「遊び」の反対語で，「学び－遊び＝勉強」という図式が染み込んでいます。本来，学びは面白く，学校だけに限定されないことを知っているはずなのに，大人は「勉強」というものに縛られています。心身が硬直しはじめている大人に，今まさに必要なのは「学びほぐし」ではないでしょうか。

　まず大人である先生が，型通りの経験を解きほぐすように，「学びほぐし」が必要です。そのためには，子どもと接して，「今まで当たり前と思っていたことが，当たり前ではなかったことに気付く」ことが大切です。子どもが出合った事象に対して目を輝かせ，学ぶことを楽しんでいる姿に心を寄せることです。子どもを知ること，子どもの力を信じること，その上に指導が生まれるという原点を知ることです。

* 苅宿俊文，佐伯胖，高木光太郎『まなびほぐしのデザイン』
　東京大学出版会，2012
* 佐藤学『学びから逃走する子どもたち』岩波ブックレット
　524，2000

12　「臨床」という考え方

■「臨床」

　「臨床」とは，「病に伏せる人の床に臨むこと」をいいます。臨床心理学や臨床哲学などがあります。これは従前の文献や実験室で行われる研究とは全く異なり，対象者を直接見る，聴くなどの行為を通して得られる情報から分析・検証などを行い，考察する方法をとっています。これは家庭や教室で対象者から得られる情報と同じといえます。また音声言語に頼らず，内面にある思いなどを知る手がかりとなる絵や文字もあります。何よりも大切なのは，対象者の傍に「いる」という状況といえます。

■現象学

　事物の本質そのものを問うのではなく，今あること〈現象〉の背景を問う学問です。例えば「痩せる」という現象も，「なぜ，痩せなければならないのか」ということや，メディアなどによる制度化された情報による操作ではないかなど，問を巡らすことができます。先の「痩せなければならない」という自分の身体に対する意識の背景にあるのは何かを問うことになります。

　フランスのメルロ・ポンティは，身体から離れて対象を考えるのではなく，身体から生み出された知覚を手がかりに，身体そのものと世界を考察しようとしました。私たちの何気ない行為や言葉の中にも，その人の意識や無意識が写り込んでいます。人間や動物の行動に関しては「行動学」（エソロジー）とする研究もあります。

＊鷲田清一『「待つ」ということ』角川選書 396，2006
＊鷲田清一『普通をだれも教えてくれない』潮出版社，1998
＊鷲田清一『死なないでいる理由』小学館，2002

◆聴くことだけが

　末期医療の患者の「わたしはもうだめなのではないでしょうか？」という言葉に対して，あなたはどう答えますか？

【選択肢】

① 「そんなこと言わないで，もっと頑張りなさい」と励ます。

② 「そんなこと心配しないでいいんですよ」と答える。

③ 「どうしてそんな気持ちになるの」と聞き返す。

④ 「これだけ痛みがあると，そんな気にもなるんですね」と同情を示す。

⑤ 「もうだめなんだ……と，そんな気がするんですね」と返す。

＊アンケートは医療機関に従事する医師や看護士，医学生などを対象に行った調査[1]

1) 中川米造『医療のクリニック「癒しの医療」のために』新曜社，1994
＊鷲田清一『「聴く」ことの力　臨床哲学試論』（TBS ブリタニカ，1999）より引用
※「(18) ふりこの教育政策」の下部に設問の結果掲載（P.29）

13　「ある」（見える）ものから　「ない」（見えない）ものを知る

■環境が行為を誘発する【アフォーダンス】

　アフォーダンス（affordance）とは，環境が動物に対して与える「意味」のことです。アメリカの知覚心理学者ジェームス・J・ギブソンによる造語で，生態心理学の基底的概念です。「与える，提供する」という意味のアフォード（afford）から造られました。

　事物の物理的な性質ではなく，環境の中にあるすべてのもので，知覚する人に与える価値ある情報のことです。例えば，傍にある椅子は座ることを与えてくれます。ドアノブは開ける・閉めるというように，すべての道具は，何か特定のことを与えるようにできているという考え方です。

＊佐々木正人『アフォーダンス　新しい認知の理論』岩波書店，1994

■行為を理解する【エスノメソドロジー】

　エスノメソドロジー（ethnomethodology）は，アメリカの社会学者であるハロルド・ガーファンクル（1917-2011）が提唱した造語です。人々の行為や発話は状況依存・文脈依存的であり，日常的な相互行為の中で絶えず意味を生成しているという考えから，人々がどのようにして日常生活世界の自明性（共通に知られた性格）を獲得するようになるのかを確定しようとする研究手法です。

　エスノメソドロジーが行うことは，「社会現象である」と社会成員に理解されていて，そのものを記述しようとするものです。ある現象がまさに起こっているその現場へと接近します。その現象は社会成員が組織だった方法でつくりあげていると考えて，そのやり方を記述することです。実際に行われる「会話分析」は，ありふれた日常会話それ自身が，社会秩序を備えた研究対象になるといえます。

　エスノメソドロジーは，社会学の枠を超えて，さまざまな分野の研究と結びついて行われています。「実践を記述する」ことは，当たり前の日常生活のこととしてある「見られているが気づかれていない」常識的な知識の用法に「気づく」ことになります。

＊前田泰樹，水川喜文，岡田光弘『エスノメソドロジー　人びとの実践から学ぶ』新曜社，2007

◆成長する教師をめざして

　省察的実践者としての教師を目指すための実践を振り返る「リフレクション（reflection）」があります。その手法の一つが「動画」の記録による「振り返り」です。動画によって，子どもの仕草やつぶやきなどの情報を共有しながら検証や考察を行うことができます。行為を分析することで，子どもの内面を知る手がかりになります。

＊佐伯胖・刑部育子・刈宿俊文著『ビデオによるリフレクション入門　実践の多義創発性を拓く』東京大学出版会，2018
＊浅田匡，藤岡完治，生田孝至編著『成長する教師　教師学への誘い』金子書房，1998
＊やまだようこ『ことばの前のことば　ことばが生まれるすじみち1』新曜社，1987

カリキュラムに関してはさまざまな区分があります。ここでは代表的なものを抜粋して、その概要を掲載しています。

■教育課程

戦前までは**教科課程**といいましたが、戦後はアメリカの新教育の考えに倣い**カリキュラム**（curriculum）としました。国が策定する学習指導要領は「教育課程」という用語で統一されています。この教育課程（カルキュラム）は、教育の目標達成のための「コース」を意味し、一般的には各学校で、各教科等のねらいや内容、時数などを組織した「年間指導計画」といった形で運用されています。

「教科カリキュラム」は、教育内容の系統性を重視し、国語や数学といった教科ごとに教科書などを用いて、予め定められた指導計画に沿って実施されます。この教育内容の背景にあるのは、大学等で教えられる専門的な学問体系に基づいて系統性が設定されています。

「経験カリキュラム」は、19世紀末からアメリカの進歩主義教育運動の中で生まれたカリキュラムです。教科の枠にとらわれることなく、子どもの生活経験をもとに総合的に学習を展開するのが特徴です。これは「為すことによって学ぶ」というジョン・デューイの考え方から構築されています。現在の学校教育においては「総合的な学習の時間」や特別活動の領域で行われています。

「学習のカリキュラム」は、正統的周辺参加の考え方からできています。それは「学習者の視点から見た日常実践における学習の資源がおかれている場合」[1]に行われます。そこでの教育のカリキュラムは、新参者に対して、資源の提供側から制限が加えられます。

学習のカリキュラムは本来、状況に埋め込まれていて、活動に参加する人々は多様な考えをもって構成されています。これが「共同体」の特徴としてあります。学習者が獲得した学びは「履歴」として蓄積されることになります。

1）ジーン・レーヴ、エティエンヌ・ウェンガー著／佐伯胖訳『状況に埋め込まれた学習正統的周辺参加』産業図書，1993

「潜在的カリキュラム」は、学校教育で意図的に組織されず顕在していない隠れたカリキュラムのことです。一方、「顕在的カリキュラム」は、学校目標や教育計画などの意図的に組織されたカリキュラムのことです。

アメリカのフィリップ・ジャクソン（1929-2015）は、学校という特殊なシステムの中で、身体化される「隠れたカリキュラム」が存在することを主張します。その一つに3R's の規則（rules）、規制（regulations）、慣例（routines）を挙げています。

「規則」は校則や学級のきまりなど、「規制」は、教師の「〜しなさい」などの指示やとりきめなどで、「慣例」は習慣やしきたりなどのことです。たとえば子どもたちは、教室で順番に並び待つことを通して「忍耐」や、社会で生きる「折り合い」を付けることなどを学んでいきます。

＊金井香里，佐藤英二，岩田一正，高井良健一『子どもと教師のためのカリキュラム論』成文堂，2019

■ 教室から考える教育課程

　子どもの側からの視点で，教育課程〈カリキュラム〉を考える佐藤学は，①カリキュラムの再定義＝学びの経験と来歴とする　②学びの再定義＝学びを「意味と関係を編み直し」の実践とする　③授業の再定義＝授業を反省的実践とする　④教科の再定義＝教科を学びの文化領域とする　⑤学校の再定義＝学びの共同体とする　これらの再定義は教育改革の方向性を示すものです。

　これまでの「教育課程」の論議は，「どういう教育内容をどう編成すべきか」という「教育計画」が問題視されて，何がそこで育つのか，何が学びとして得られたのかの研究になっていませんでした。

　近年，学校の規範性や正統性は衰退し，大衆社会における教育意識の私事化と新保守主義による市場原理が導入され，教育や文化の公共性が失われてきています。そのため佐藤は，〈カリキュラム〉を教室からスタートして，文化的実践の政治学へと進める必要があると論じています。

＊佐藤学『カリキュラムの批評　公共性の再構築へ』世織書房，1996

■ 「まなび学」とワークショップ

　佐伯胖は，従来の「学習」の概念が，既存の心理学や教育学の領域から離れられずにいると指摘します。「まなぶ」ということは，乳幼児から高齢になってもあります。また「まなび」は，学校から離れて，家庭や職場でも，その他さまざまな場面で育成されたり，活用されたりしています。佐伯は「場所」に限定せず，「学び手」を基点として，学びを考えることを「まなび学」[1]とよびます。

　学校に限らない学びであり，学び手による学びですから，「教える」「教えられる」という関係ではなく，「学び手」が，勝手に「学んじゃう」のです。佐伯は「まなびどり」とよんでいます。このまなびどりの学びは本来の学びで，その獲得される内容は「人間の知性」（身体的なわざも含む）ということになります。

　その獲得過程は，「あれっ！？」と思うような気付きや感じることから始まります。これはこれまでの自分自身の認識や理解の枠組みに当てはまらない状況ことをいいます。気付きはいつしか身体に浸み込んでいく「感化」へと進みます。（学校による「制度化される身体」もあります）

　次に必要なのが感化を吟味する「リフレクション（省察）」です。矛盾はないか，相互の相性はどうか，有効性はあるかなどで，それをとりまとめるのはアート感覚の吟味の「美」であるといいます。

　ワークショップは学校に限らず，どこでも「学びの場」になることをいい表しています。ワークショップでは，「自分から動き出すこと」が大切で，そこで生まれるものは「作品」であり，そのよさを自他が味わうことができます。

１）佐伯胖，刈宿俊文，高木光太郎『まなびほぐしのデザイン』東京大学出版会，2012

16　当たり前を疑う

■ 疑問をもつ「なぜ？」

　「疑問（なぜ）」の発端は，「当たり前を疑う」ことです。私たちは，現在，この社会に生きて「蛇口をひねると水道水が出る」という当たり前の生活をしています。「なぜ？」と疑うことがなくても生活することができます。この当たり前を疑うところに「なぜ？」が生まれます。「いつから？」「どの国でも？」「どんなしくみで？」と，見えなかったものを「見よう」，わからないことを「知りたい」という関心や興味がわきます。ここから「学びの旅」が始まります。

　歴史を調べようとしたら書籍を通して学ぶこともできます。しくみを知ろうと思えば，実際に見聞することもできます。さまざまな国の情報を調べたいと思えば，インターネットなどによる情報収集もできます。その過程の中で課題もあらわになってきます。語学や情報処理能力，コミュニケーション能力なども必要性を帯びてきます。

　子どもは遊び（生活）を通して学んでいます。全てが学びの対象となります。今，その時でなくても，将来への「疑問」の種を蓄積しているともいえます。体験を通した理解が「知識」となっているのです。「身体知」などは技能も含んでいるといえます。

　例えば，工作をしていて，このくらいの「力」でハサミを動かしたら，この厚さの紙なら十分に切ることができるという「感覚」さえ学んでいます。これらは身体知（暗黙知）として，身体の中に「能力」として潜在し更新されていくのです。

　潜在している資質能力をもとに，外側にある「課題」に取り組むのが「学習」といえます。学習して身に付いたことが，更なる「知識」になります。またそれらを活用することで，一層知識や技能が高まるという「更新」という学力の向上が行われるのです。

　　　＊Ｄ・Ａ ノーマン著／岡本明他訳『誰のためのデザイン？』
　　　　　　　　　　　　　　　　　　　　　　新曜社，2015

■子どもたちとの学びの旅

　プロジェクト学習は，自分たちで課題を発見し，自分たちで解決の方向性を定め，実現していく学習法です。参考事例として，イタリアのレッジョ・エミリアにおける幼児教育の実践があります。また，経験主義などと称されるコアカリキュラムの学習法もその一つといえます。アメリカのデューイの提唱した経験主義教育は，知識主義，教科書中心主義に対し，学習者の経験こそ教育の本質的要因であるとする説です。子ども中心主義の教育観や社会生活の経験を教育課程に編成する主張は，これから派生し，教育方法的には問題解決学習，プロジェクト・メソッド，単元学習などにおいて具体化されました。

　戦後，日本の教育は，アメリカの経験主義教育の新教育から始まりましたが，この経験主義教育は，「はいまわる経験主義」とよばれ批判の対象となりました。それは生活経験を重視するあまり，伝統的な学問体系の教授が軽視され，断片的な学習に終わって知識の積み重ねが不十分で，また活動という手段が目的化された活動主義に陥りがちなどの批判が湧きあがったのです。批判後，指導内容などを系統づける「系統主義教育」が台頭することになりました。

　教科学習は，通常，先生が「課題」を提案することが多く，予め計画された教育課程にそって，教科書等の教材を通して学習することが一般的なのですが，子どもに活動が委ねられる経験主義は，方向性が定まらず，ずれが起こります。「総合的な学習の時間」は本来，プロジェクト学習の趣旨に沿って誕生しました。そこでは「地域」にあるものを教材にするなど，先生の創意による教材化が意図されました。しかし，これまで学校で行ってきたような授業（単元）において「ねらい」が強調されると，「ねらいに沿う」ことが求められ，子どものペースに合わせるのが難しくなります。実際に経験主義教育の流れをくむ「プロジェクト学習」がうまくいかないと感じるのは，はいまわる経験主義の時のように，はじめから「無能な子どもにそんなことできない」というのが意識下にあります。「子どもは適当なアイデアを出すけど…」「実現にほど遠い…」「一部の子どもだけが，あとは浮遊状態…」など，だから，つい先生の「提案」という投げ込みが多くなって，子どもの意識との乖離が大きくなっていくことが挙げられます。また，さらに「提案」が「強制」につながりやすいのは，先生に結果（できばえ）のイメージがあって，それに子どもの活動を合わせようとするので提案が「指示」になりやすいことです。

＊佐藤学『カリキュラムの批評　公共性の再構築へ』世織書房，1996
＊佐藤学監修／ワタリウム美術館編集『驚くべき学びの世界　レッジョ・エミリアの幼児教育』2011

　子どものアイデアは，作業の方法を提案するのではなく，つながりのあるイメージと言葉を総合的に使用することによって，開始するプロジェクトの筋道を見失うことなく，教育という仕事の大いなる可能性によって生成的な概念を表現し，新しいアイデアと提案を生み出すことを可能にしています。「アート（芸術より広い定義）を創出する子どもと教師の協同的経験が教育そのものを転換する可能性をもつ」として，「子ども中心主義」を掲げたアメリカの進歩主義者らによる実践があります。

＊佐藤学／今井康雄編『子どもたちの想像力を育む　アート教育の思想と実践』東京大学出版社，2003

　我が国の戦後の教育は，「生活・経験重視のカリキュラム（はいまわる経験主義）」「系統・構造重視のカリキュラム（詰めこみ教育）」「人間性重視のカリキュラム」「新学力観」「生きる力をはぐくむ教育」，そして現在は「社会に開かれた教育課程」及び「主体的・対話的で深い学びによる授業改善」と推移してきました。

　スプートニク・ショックの影響を受けて「教育の現代化」が起こり，1960年〜1970年代に経験主義的な教育から系統的な教育，そして詰め込み教育と変遷していきました。

「詰め込み教育」は，知識の暗記を重視したため，「なぜそうなるのか」といった疑問や創造性の欠如が問題視され，高度で過密な教科内容によって落ちこぼれを増加させてしまう結果となりました。また詰め込みの知識は，試験が終わると忘れてしまう剥落する学力であるという指摘もありました。

「ゆとり教育」は，詰め込み教育と言われる知識量偏重型の教育方針を是正し，思考力を育てる学習に重きを置きました。経験重視型の教育方針を踏まえて，学習時間と内容を減らして「ゆとりある学校」を目指した教育です。1980年〜2002年度の改訂で徐々に内容の厳選が行われました。しかし，「ゆとり教育」では学力が低下するとの指摘から，学習指導要領の見直しが起きました。2011年度以降は，これまでの「ゆとり教育」の流れとは逆に，内容を増加させた学習指導要領が施行されました。
　教育内容の他に，制度面などでは1998年には学校週5日制に対応した教育課程がスタートしました。その後も教育基本法の改定や「生きる力」の育成として学習指導要領の改訂が行われ，現在は「社会に開かれた教育課程」の実現を目指して，三つ柱（知識・技能，思考力・判断力・表現力等，学びに向かう力・人間性等）に整理して，教育改革を進めています。

　　　　　　　　　　　　　　＊安彦忠彦，児島邦宏，藤井千春，田中博之編著『よくわかる教育学原論』ミネルヴァ書房，2012

---

(12)「臨床」という考え方――聴くことだけが――の設問の結果【P23の回答】

　結果は精神科の医師を除くほとんどが①を回答しました。内訳では，看護士や看護学生が③を選択し，精神科の医師は，⑤を選択したといいます。その⑤の説明には，「回答にはなっていないが《患者の言葉を確かに受け止めました》という応答になっている」というのです。こうして患者は，得体のしれない不安の実体が何なのか探り始め，少しずつ話し始め，はっきりと表に出すことができてくるといいます。ここに「聴くことの力」を感じることができます。〈聴く〉というのは，何もしないで耳を傾けるという受動的な行為ではありません。聴くことは，ことばを受け止める能動的な行為であり，他者の自己理解の場をひらくことになります。

*阿部宏行『新・図工のABC』
日本文教出版, 2017, P4

中央教育審議会から出された答申[1] において, 2030年以降の未来を見据えた育てたい子ども像の一つに「変化の激しい社会の中でも, 感性を豊かに働かせながら, よりよい人生や社会の在り方を考え, 試行錯誤しながら問題を発見・解決し, 新たな価値を創造していくとともに, 新たな問題の発見・解決につなげていくことができること」をめざしています。

これはこれまでの学習指導要領が, 各教科等において『先生が何を教えるか』という観点を中心に組み立てられており, 一つ一つの学びが何のためか, どのような力を育むものかは明確ではないことが課題とされたからです。その上で, 「各教科等において何を教えるかという内容は重要ではあるが, これまで以上に, その内容を学ぶことを通じて「何ができるようになるか」を意識した指導が求められています。今回の改訂は, 幼稚園から高等学校までの教育を通して, どのような能力を身に付けるのか「出口」を明確に示すことが求められました。

その上で, 授業改善の視点として主体的・対話的で深い学びをめざすことです。図画工作科においては, 「題材」の精選や授業展開の方策, 材料や環境の設定などに一層の重点が置かれました。

例えば, 図画工作の低学年の題材「消防車の絵をかく」で, どんな資質・能力が育つのか, 何をねらいにして授業を構成するのかによって, 子どもの発揮される資質・能力は違ってきます。

ホースから花の種が出たとしたら, 画面いっぱい, 花が咲くかもしれませんね。

1) 文部科学省『幼稚園, 小学校, 中学校, 高等学校及び特別支援学校の学習指導要領等の改善及び必要な方策等について（答申）』2016

II 学びのABC
―指導（保育）の実践編―

1 指導（保育）の基本

「なりたい〈せんせい〉に求められる資質・能力」

先生に求められる資質・能力を４つに大別します。
- **A** 教育：指導力の発揮「子ども理解をもとに成長に寄与する先生」
- **B** 研究：研修などを積み研鑽する「自らの学びを高める先生」
- **C** 管理：職務の遂行など，「自分や組織をマネジメントする先生」
- **D** 貢献：開かれた教育課程の実現など「地域や社会に寄与する先生」

A 教育
　子どもに伝えたり，教えたりすることや，一緒に考えることなど，子どもにとって傍らの大切な人として寄り添うことです。指導力は教えることが上手いかどうかではありません。
・例：指導　支援　援助　環境の設定　場の構成　賞賛　承認

B 研究
　研修も含めて，自ら学び，自らの資質・能力を高めることです。人と人とをつなぐコミュニケーションの力も，明日の指導のための教材の準備などの教材研究です。研究対象となるものはさまざまです。
・例：自己研鑽　研修　指導案検討　研究協議会　授業改善　専門性

C 管理
　健康の管理，時間の管理など，自らが社会で生きていくために必要なことをマネジメントする力のことです。自らの心や体のことを基本に，同僚とともに組織の中で，円滑に協働して実行できる力を有することです。
・例：教育課程（カリキュラム）安全　危機　業務　予算　ひと　もの　施設　備品

D 貢献
　自らのためでなく，地域や社会の他者のために，どうようなことができるか考え，行動する力のことです。このたびの改訂の「開かれた教育課程」の実現に向けて，保護者を含め地域とつながり，共助の考えで行動できることです。
・例：就園前支援　子育て支援　子ども会　町内会　各種イベント　ボランティア活動

　例えば，指導案（保育案）は，指導のガイドブック（道標）となります。今後の指導のあり方を事前に研究する場合の「共有」できる材料になります。自分だけではなく同僚と，意見交換や指導の工夫の知恵を共有することができるのです。

　その工夫には，環境の設定があり，展開の工夫もあります。「こんな用具があるといい」，「この指導の流れに，音楽を付けると，子どもも動きやすい」などです。

　この一例だけでも，Ａ指導　Ｂ研究　Ｃ管理が，重なり合って指導の充実が図られています。「それでは，みんなで，子どもたちが使う材料や用具を準備しましょう」と，同僚との協同性まで図られるのです。

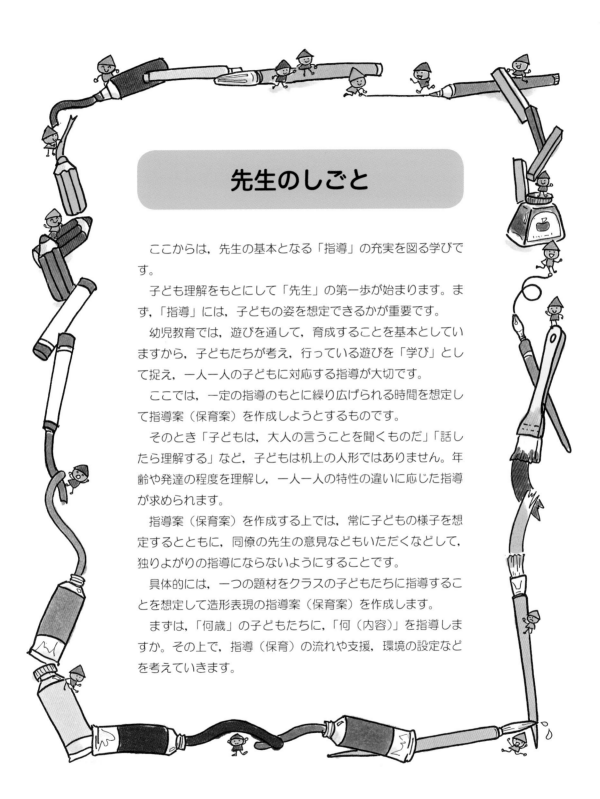

先生のしごと

　ここからは，先生の基本となる「指導」の充実を図る学びです。

　子ども理解をもとにして「先生」の第一歩が始まります。まず，「指導」には，子どもの姿を想定できるかが重要です。

　幼児教育では，遊びを通して，育成することを基本としていますから，子どもたちが考え，行っている遊びを「学び」として捉え，一人一人の子どもに対応する指導が大切です。

　ここでは，一定の指導のもとに繰り広げられる時間を想定して指導案（保育案）を作成しようとするものです。

　そのとき「子どもは，大人の言うことを聞くものだ」「話したら理解する」など，子どもは机上の人形ではありません。年齢や発達の程度を理解し，一人一人の特性の違いに応じた指導が求められます。

　指導案（保育案）を作成する上では，常に子どもの様子を想定するとともに，同僚の先生の意見などもいただくなどして，独りよがりの指導にならないようにすることです。

　具体的には，一つの題材をクラスの子どもたちに指導することを想定して造形表現の指導案（保育案）を作成します。

　まずは，「何歳」の子どもたちに，「何（内容）」を指導しますか。その上で，指導（保育）の流れや支援，環境の設定などを考えていきます。

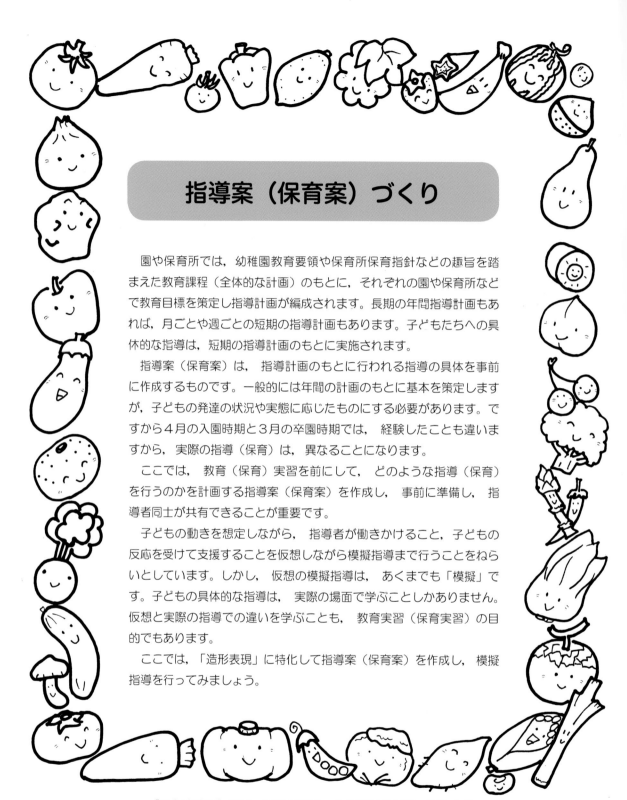

指導案（保育案）づくり

　園や保育所では，幼稚園教育要領や保育所保育指針などの趣旨を踏まえた教育課程（全体的な計画）のもとに，それぞれの園や保育所などで教育目標を策定し指導計画が編成されます。長期の年間指導計画もあれば，月ごとや週ごとの短期の指導計画もあります。子どもたちへの具体的な指導は，短期の指導計画のもとに実施されます。

　指導案（保育案）は，指導計画のもとに行われる指導の具体を事前に作成するものです。一般的には年間の計画のもとに基本を策定しますが，子どもの発達の状況や実態に応じたものにする必要があります。ですから4月の入園時期と3月の卒園時期では，経験したことも違いますから，実際の指導（保育）は，異なることになります。

　ここでは，教育（保育）実習を前にして，どのような指導（保育）を行うのかを計画する指導案（保育案）を作成し，事前に準備し，指導者同士が共有できることが重要です。

　子どもの動きを想定しながら，指導者が働きかけること，子どもの反応を受けて支援することを仮想しながら模擬指導まで行うことをねらいとしています。しかし，仮想の模擬指導は，あくまでも「模擬」です。子どもの具体的な指導は，実際の場面で学ぶことしかありません。仮想と実際の指導での違いを学ぶことも，教育実習（保育実習）の目的でもあります。

　ここでは，「造形表現」に特化して指導案（保育案）を作成し，模擬指導を行ってみましょう。

【ひとやすみ】野菜・果物の枠に，色鉛筆で色を塗ってみよう

年齢（発達）ごとの表現と支援

表1

0歳	保育者と安定した関わりのなかで、人への信頼感を育む。だんだんと安心して感情を出すことができるようになる。興味関心のあることに向かって手を伸ばしたり、関わろうとする。探索遊びでは、手で握ったり離したりして、存在を確かめていく。ものを口に運びたがるので、誤飲など安全、衛生面での配慮が必要である。
1歳	安心感のもとに好奇心が高まり、つまむ、めくる、貼る、引っ張るなどの、手指を使った遊びや大人のまねをした動きを楽しむようになる。動きも盛んになり、身近な事象に「なんだろう」「おもしろそう」と、感じたことに、自分から関わるようになる。子どもが見付けたおもしろさに共感したり、一緒に楽しんだりする関わりが大切である。
2歳	自分のお気に入りのものや場所に関わるなかで、感触を楽しんだり、探索したり、イメージを広げたりして、繰り返し遊ぶようになる。運動機能も発達し、全身を使った動きや表現ができるようになるとともに、形や色、大きさの違いがわかり、それらを構成したり、意味付けしたりして遊ぶようになる。さまざまな素材との出会いや遊びを通して、表現する楽しさを感じられるようにすることが大切である。
3歳	遊びの場が広がり、さまざまな事象や素材と出会うなかで、自分なりに感じたり、試したり、表したりして楽しむようになる。見立てたり、なりきって遊ぶ楽しさを感じることで、自分なりに表現する楽しさや受け止めてもらう喜びを味わうことが大切である。保育者自身も、子どものイメージを共有して関わったり、「おもしろいね」「きれいね」など、感じたことを言葉に出して、表現したりする共感的な支援が大切である。
4歳	行動範囲が広がり、さまざまな人やものとの関わりの中で、感性が豊かに育まれる時期。体験したことや物語の世界をもとに、イメージをふくらませ、それを絵にかいたり、体で表現したり、言葉で伝えたりすることを通して、表現する喜びを味わっていく。自分の経験したことをもとに、考えたり、試したり、さまざまな素材を組み合わせたりして、工夫して取り組んでいこうとする。保育者は子ども一人一人の思いやイメージを受け止めるとともに、子ども同士が刺激し合ったり、思いを伝え合ったりしながら、一緒に遊ぶ楽しさが味わえるように、場づくりや関わり方を工夫する。
5歳	知的好奇心が高まり、身近な事象の不思議さやおもしろさを感じたり、素材の性質、特性、しくみなどへの興味関心が高まって、観察したり、自分なりに試したり、工夫したりしようとする。見たこと感じたことをもとに、より細かく、本物らしくかいたりつくったりしようとする。造形表現を通して、挑んだり、友だちと一緒につくりあげたり、つくったものを使って遊んだりすることを楽しむようになる。保育者は、子ども一人一人の思いに寄り添い、実現のために、一緒に考え、支援することが大切である。友だちと意見を出し合ったり、力を合わせたりして、一人一人の資質・能力が発揮され、みんなでやりとげる満足感が味わえるような雰囲気や場づくりを心がける。

※【参考】松家まきこ『表現あそび指導法』成美堂出版，2019

（表1の下線部は，年齢別の子どもの「造形表現」に関する特徴です。また，ゴシック部分は，大人や保育者の関わりを示しています。）

　幼児期の子どもの学びは，不連続のようで連続しています。小学校のように教科で指導することとの違いを捉えて，子どもの学びが連続できるようにすることが支援であり，指導計画なのです。

【指導案（保育案）をつくろう】＊チェックポイント

□①　発達（年齢に合った題材）

□②　内容（何をつくる）

□③　展開（流れを考える）

□④　環境（物的な支援：机や材料などの配置，人的な支援：補助の役割など）

□⑤　模擬指導を通してさらに改善　他

《つくりかた》
①ペットボトルにビーズや豆などを入れる。ペットボトルの上部を切った「じょうご」を使うと入れやすい。
②入れ終わったら接着剤か粘着ビニールテープで蓋を固定する。
③マスキングテープやシールなどでボトルに飾り

《プラス+1》
・ガチャガチャの空容器など他の容器を利用して鳴るおもちゃをつくる。素材の違いで、鳴るおもちゃをつくることも楽しい。

（配置図）ピアノ／机／材料・用具／保育者／子ども

造形表現の保育案　　題材名：「マラカスで ふりふり♪」

3歳児	7月	ゆき組 年少クラス	とねらい	三つの柱の基礎：「知識及び技能の基礎」「思考力、判断力、表現力等の基礎」「学びに向かう力、人間性等」

表現（領域）

保育の概要（○）とねらい（■）

○自分でつくることに興味をもち、歌をうたったりする時期で、身近な材料をもとに、音の鳴るおもちゃをつくって遊ぶ楽しさを味わう
■身近な材料で音の鳴るおもちゃをつくり、音楽に合わせて自分なりに鳴らす楽しさを味わう

育ってほしい姿：
・豊かな感性と表現
・数量や図形、標識や文字などへの関心・感覚

子どもの姿：
・音楽に合わせて、自分なりに歌ったり踊ったりすることを楽しむ姿がみられる
・誰かの動きに合わせて楽しさを味わうようになる
・数や名前などにも興味をもつようになる
・保育者との信頼感のもと、安心して表現する喜びを味わうようになる

展開 時間	保育の流れ	予想される子どもの姿	保育者の支援	環境構成（材料・用具）
9:30	・マラカスをつくる	・保育者のマラカスの音を聞いて、つくりたい気持ちが高まる	・空のペットボトルを振っても、音はでないが、その中に、ビーズや豆などを入れて振ると、楽しい音が鳴ることを示す	《材料・用具》ペットボトル、中に入れるもの、接着剤、粘着ビニールテープ、マスキングテープ他
9:35		・豆などを指でつまみ数を数えながらペットボトルに入れる	・ビーズや豆などを指でつまみ、5つなど数に関心がもてるように声をかけ、一緒に数えながら入れるようにする。入れたらふたを閉める。	ポイント：子どもが自分で数えられる個数にすることで、数に対する感覚を高める [注意1]誤飲防止への配慮をする。
		・シールやマスキングテープをペットボトルに貼って飾る	・マスキングテープなどは扱いやすいように、適当な長さに切って、下敷きに	
10:00	・歌をうたいながらマラカスを鳴らして遊ぶ	・「おもちゃのチャチャチャ」などの音楽に合わせてマラカスを鳴らしながらうたいながら遊ぶ	・はじめは、子どもと一緒に歌うなどする。慣れてきたらピアノ伴奏で、音楽に合わせて鳴らして遊ぶ	・好きな時間に、つくったマラカスで遊べるように取り出しやすい場所に入れておく
		ポイント：「チャチャチャ」などの歌詞に合わせて鳴らすとよい		
10:20	・片付ける	・マラカスを保育者に戻す		・日頃から表現などに使う材料を入れておく箱なども用意しておく

参考図書：松家まきこ『保育が広がる　表現あそび指導法』成美堂出版、2019 他

学校で育むものは

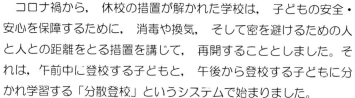

コロナ禍から，休校の措置が解かれた学校は，子どもの安全・安心を保障するために，消毒や換気，そして密を避けるための人と人との距離をとる措置を講じて，再開することとしました。それは，午前中に登校する子どもと，午後から登校する子どもに分かれ学習する「分散登校」というシステムで始まりました。

昼過ぎに，ある小学校の校庭の横を通りました。そこでは，鉄棒の学習の人数を少なくして実施していました。先生は，鉄棒を待つ子どもたちに，2m以上の間隔を取るようにして，鉄棒前に体育座りをさせて指導していました。これまでに，見たことのない不思議な風景でした。

校庭と，私が歩く道を隔てて，反対側に公園がありました。その公園には午前中の分散登校の学習を終えた子どもたちが，放課後の遊びのように集まっていました。

公園に乗り付けた自転車の周りに，幾重にも重なるように集まる子どもたちは，ゲーム機を片手に，わいわいと，時折大きな笑い声も聞こえます。両方を同時に見た私は，一層不思議な感じを受けました。先生方の献身的ともいえる「安全を保障する」のを大前提のもとに，話すことも止められて，無言で食べることを強いられて，「安全」と「学び」が保障されています。

学校で育っているのは，何でしょうか。また，何を育てるのが学校なのでしょうか。読み書きそろばんのような学力保障だけではないはずです。安全で安心して「生きる」ことを基本としながらも，学校で育てるものがあるはずです。コロナ禍を憂い，鉄棒の前で強張る子どもを見つめていました。

Ⅱ 学びのABC

―指導（保育）の実践編―

2 造形表現の基本

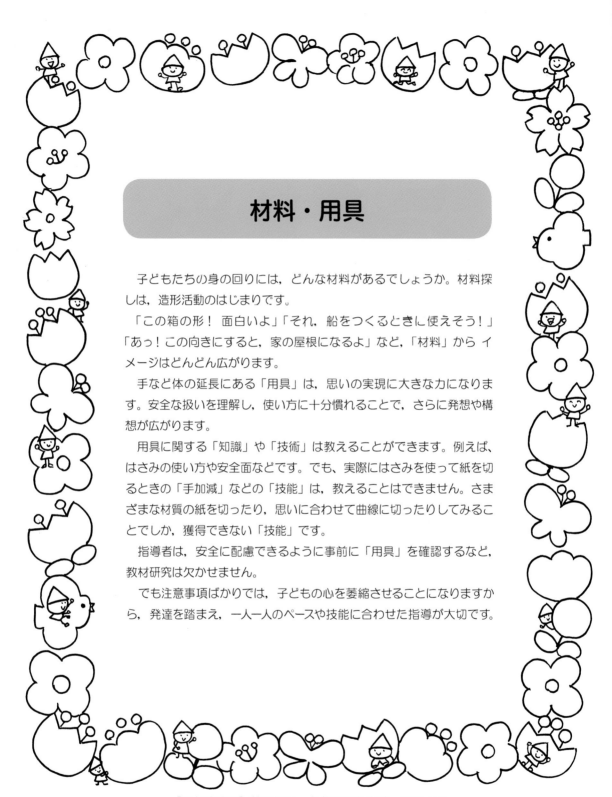

材料・用具

　子どもたちの身の回りには，どんな材料があるでしょうか。材料探しは，造形活動のはじまりです。

　「この箱の形！　面白いよ」「それ，船をつくるときに使えそう！」「あっ！この向きにすると，家の屋根になるよ」など，「材料」から イメージはどんどん広がります。

　手など体の延長にある「用具」は，思いの実現に大きな力になります。安全な扱いを理解し，使い方に十分慣れることで，さらに発想や構想が広がります。

　用具に関する「知識」や「技術」は教えることができます。例えば、はさみの使い方や安全面などです。でも、実際にはさみを使って紙を切るときの「手加減」などの「技能」は，教えることはできません。さまざまな材質の紙を切ったり，思いに合わせて曲線に切ったりしてみることでしか，獲得できない「技能」です。

　指導者は，安全に配慮できるように事前に「用具」を確認するなど，教材研究は欠かせません。

　でも注意事項ばかりでは，子どもの心を萎縮させることになりますから，発達を踏まえ，一人一人のペースや技能に合わせた指導が大切です。

【ひとやすみ】花の枠に，色鉛筆で色を塗ってみよう

材料・用具

材料サコーナー

材料との出会いが発想や構想を広げる。
日頃から身の回りにあるものを意識して
進んで集めるように心がけましょう。

見える収納例（種類別）

つくりたいとき 使える材料

◎ 集めて、使いやすい材料
◎ 安全（危険物の除去）

・材質（種類）別	・大きさ別
・形状別	・色など

材料宝箱

◎ 手ごろな大きさ
◎ 扱いやすい材質
◎ 集めやすい不用品
◎ 安価
　　　　　他

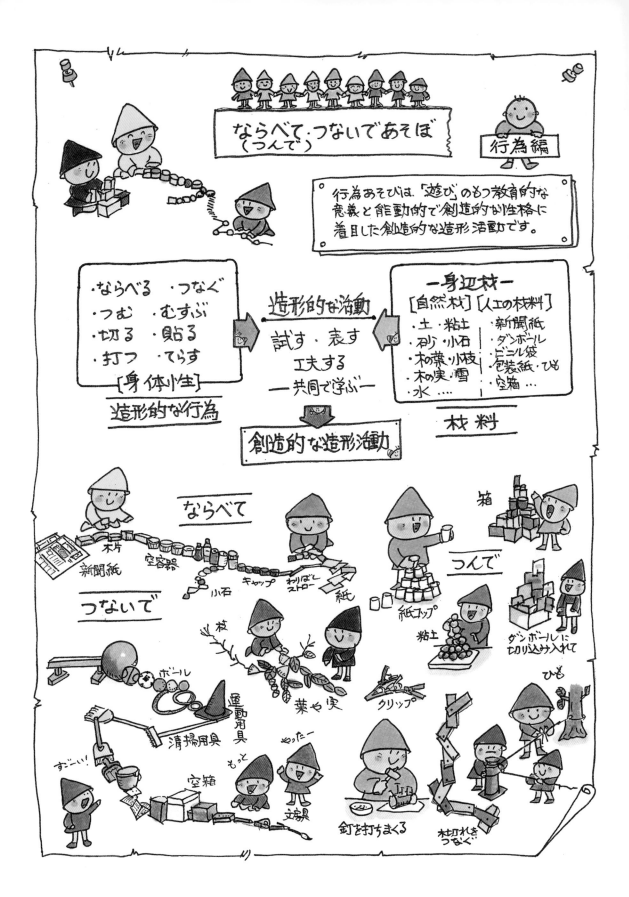

ならべて・つないであそぼ
（つんで）

行為編

行為あそびは、「遊び」のもつ教育的な意義と能動的で創造的な性格に着目した創造的な造形活動です。

・ならべる　・つなぐ
・つむ　・むすぶ
・切る　・貼る
・打つ　・てらす

［身体性］
造形的な行為

造形的な活動
試す・表す
工夫する
―共同で学ぶ―

創造的な造形活動

―身辺材―
［自然材］［人工の材料］
・土・粘土　・新聞紙
・砂・小石　・ダンボール
・木の葉・小枝　・ビニル袋
・木の実・雪　・包装紙・ひも
・水 ……　・空箱 …

材料

ならべて

木片
新聞紙
空容器
小石
キャップ
わりばし
ストロー
紙

箱

つんで

紙コップ

粘土

ダンボールに
切り込み入れて

つないで

枝

ボール

運動用具

清掃用具

葉や実

クリップ

ひも

すごい！

もっと

空箱

やったー

文房具

釘を打ちまくる

木切れを
つなぐ

42

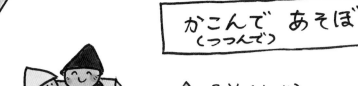

かこんで あそぼ
（つつんで）

行為編

☆ 場所（すみか）

・空間（スペース）としての場所もあるが子どもたちは「ごっこ遊び」などを通じて共同で遊ぶ場であり、「こと」を共有する場でもある。

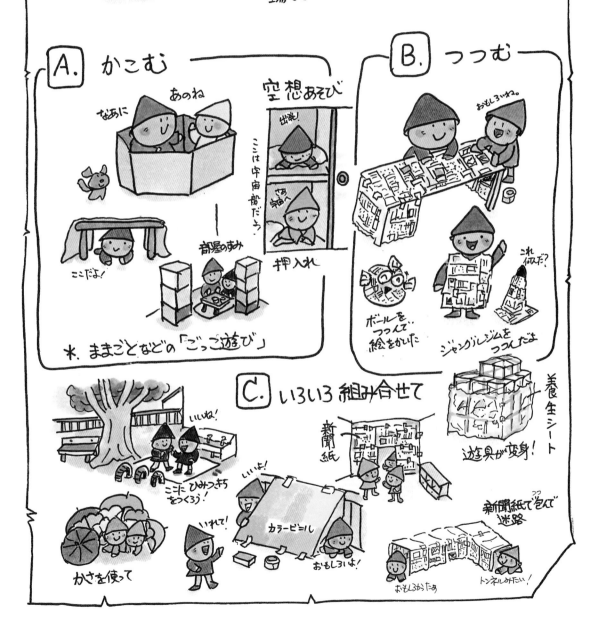

A. かこむ

なあに　あのね

空想あそび

出発！

ここは宇宙船だよ。

さあ宇宙へ

押入れ

ここだよ！

部屋のすみ

＊ ままごとなどの「ごっこ遊び」

B. つつむ

おもしろいね。

これ何だ？

ボールをつつんで絵をかいた

ジャングルジムをつつんだよ

C. いろいろ 組み合せて

いいね！

ここに ひみつきちをつくろ！

いいよ！

新聞紙

養生シート

遊具が変身！

かさを使って

いれて！

カラービニール

おもしろいよ！

新聞紙で包んで迷路

おもしろかったよ

トンネルみたい！

光とあそぼ

☆ かげの楽しさ
・影絵のように光を遮ってできる
　形を楽しむこと
☆ すきとおる楽しさ
・ステンドグラスのように透過光を
　通して、色や形を楽しむこと

行為編

A. おひさまとなかよし

ペットボトル　水
キラキラ

物のかげ

ペットボトルに染料

透明ビニール
シートを円筒にして

CD
キラキラ
キラキラシート

厚紙に
カラーセロハン

箱に　箱
カラーセロハン
やぁー!

おばけだー!　わぁー!
LEDライト

紙コップの内
側に絵
穴

ペットボトル
に色水
LEDライト

軽量粘土の中に
LEDライト(ドーム状に穴)

B. 人工の光で

-影絵-

透明カップ
に食紅を入れ
色水を
うつすと

OHP

キラキラシート

プロジェクター

☆LEDライトは小型
で光量も強く電池
も長持ちします。ライト
アップを楽しもう

※人には照射しない!!

44

風とあそぼ

☆ 風とは、空気の流れのこと。
そよ風, 春風, 春一番, 潮風など
私たちの暮しに密着している。

☆ 風車, こいのぼり, 凧, 紙ヒコーキなど
風を利用したものも多い

行為編

A. 風を待つ

風

スズランテープ

ビニル袋の
服に紙の帯

風を待って
いられな〜い
走って!!

B. 風をおこす

扇風機

ビニルシート

パタパタ!

ビニルシート

振って!!

カラービニル袋を
筒にして

ぐるぐる巻

太い透明ガムテープ

掃除機

送風機

ポリ袋

ふわふわ

あがった〜!

ポリ袋に
空気を入れて
ポーン!

C. 風を生かす

モビール

ゆらゆら

くるくる

えーい!

風鈴

空容器

リーン♪

紙皿の
UFO

プロペラ

画用紙

3枚まとめてホチキス
でとめる

クルクル
回ってとぶよ!

クリップなどで
重りを付けて

かさ袋

ビューン!!

かさ袋に空気を入れてとばす

45

版とあそぼ

行為編

☆ おす版
・スタンプのように絵の具を付けて押し付けて表す
☆ する版
・版に絵の具を付け、その上に紙を置いて刷って表す
☆ ころがす版
・ローラーに絵の具を付けて、紙の上を転がして表す

A. おす（ペタペタ）

わぁー　ペッタン！

指
手
体

野菜
型ぬき

身近材
積み木
空容器

油粘土
（不用の）

切り抜いて
発泡スチロール
スタンプにして
押す
スチロール　ぎゅ！
ペットボトルのキャップ

くぎなど
きずをつけて
スタンプ台

B. する（スリスリ）

紙を置いて刷る
スチロール

こすりだし
凸凹をさがして！
ここはどうかな？
スリスリ！
クヨン

絵の具＋石けん水
スポンジ
形に切って絵の具をつける

C. ころがす（コロコロ）

ローラー
プチプチを芯にまいて
毛糸を巻いて
いろいろ転がしてみよう

いと
糸に絵の具を付けておさえつけて！
絵の具
ぎゅ！
糸　ひっぱる！
糸をはさんだ紙

絵の具の付いたビー玉をころころ転がすと

水とあそぼ

☆ 形のない水は、その流動性と不安定さから、水を操作する遊びへと展開させる。子どもは納得のいくまで繰り返し活動にひたる。

行為編

とにかく水

地面に

ペットボトル

レジ袋

地面に水で絵をかく

かべに

洗剤やシャンプーの空容器で

わぁーい　流すぞ！

砂場で

水と土・砂

きもちいい！　ドロドロ

ぬるぬるたのし

水と色

わぁ～

にじみ

色水あそび

ポトンと落すと…

けむりのように動いてる！

色のついた水滴をストローで吹いた

水に浮べて

流れて色の線になった

浮んだ！

スポンジ

色水でスタンプ

47

紙袋でつくろう

材料編

☆ 平袋… 封筒のように紙を2つ折にしたような構造

☆ 角底袋… 買物袋として利用される。底面が角形なので品物の納まりがよい

☆ 材質… 重包装用は、セメントや穀物など重量のある物などに利用され茶色のクラフトパルプを原料としている 軽包装用は印刷効果などを考慮してクラフト紙やハトロン紙などが使われている

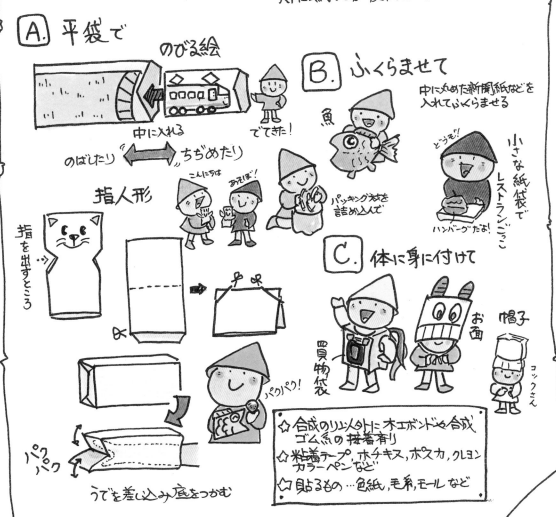

A. 平袋で

のびる絵

中に入れる

でてきた！

のばしたり ⇔ ちぢめたり

指人形

指を出すところ

こんにちは

あそぼ！

パッキング材を詰め込んで

パクパク！

パクパク

うでを差し込み底をつかむ

B. ふくらませて

中に入れた新聞紙などを入れてふくらませる

魚

どうぞ！

小さな紙袋でレストランごっこ

ハンバーグだよ！

C. 体に身に付けて

買物袋

お面

帽子

コックさん

☆合成のリメタトにオエボンドや合成ゴム糸の接着有り

☆粘着テープ、ホチキス、ポスカ、クレヨン カラーペンなど

☆貼るもの…色紙、毛糸、モールなど

箱でつくろう

材料編

☆ ダンボール
・ダンボール箱から板状のダンボールまで多様な形状がある。片面と両面ダンボールがある。波形面の軸方向の押しつぶす力には丈夫である

☆ 紙の箱(空箱)
・身近なものを入れる紙の箱は形状も大きさも多種にわたる。紙質はクラフト紙や中厚紙までいろいろ有る。

A. ダンボール箱で

動いた！ やったー！ うんとこな よいしょ！ わぁーい お出る おっとっと もっと

C. 空箱を利用して

材料の空箱 手持ち 箱 ランドセル 大切なカード ホチキスでつないだ！ 箱を開いてつないで パタリ！ カメラ

B. 空箱をつなげて

もっと長くしよう

（空箱でつくって）

☆ BOX アート

箱を使って動物のおうち すてきなおうち

うさぎ ビル ストロー ロボット リモコン バス

50

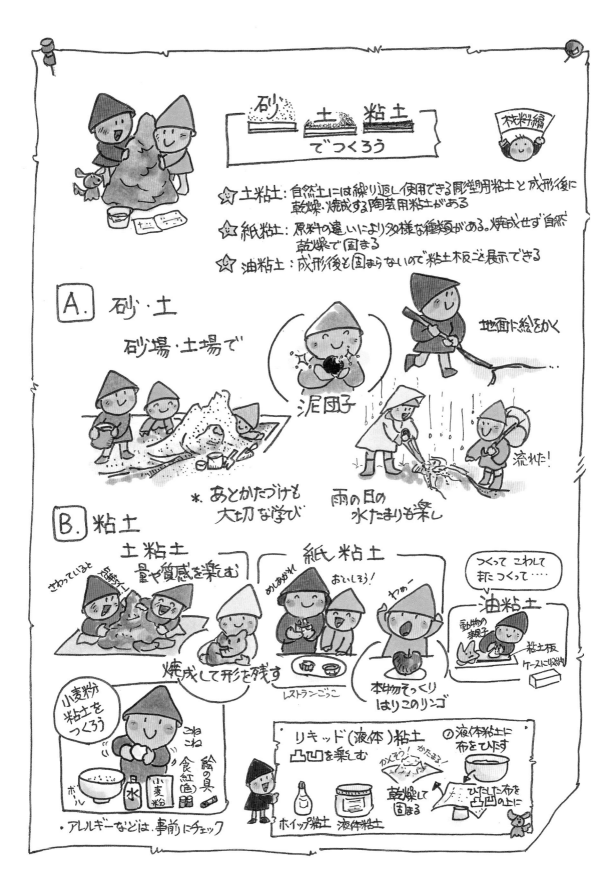

砂　土　粘土
でつくろう

☆ 土粘土：自然土には繰り返し使用できる彫塑用粘土と成形後に乾燥・焼成する陶芸用粘土がある
☆ 紙粘土：原料の違いにより多様な種類がある。焼成せず自然乾燥で固まる
☆ 油粘土：成形後も固まらないので粘土板ごと展示できる

A. 砂・土

砂場・土場で

地面に絵をかく

泥団子

流れた！

* あとかたづけも大切な学び

雨の日の水たまりも楽し

B. 粘土

土粘土
量や質感を楽しむ

さわっていると

冷たくて土

紙粘土

めしあがれ

おいしそう！

ヤァー

つくって こわして 圧たつくって……

油粘土

動物の親子

粘土板
ケースに収納

焼成して形を残す

レストランごっこ

本物そっくり
はりこのリンゴ

小麦粉
粘土を
つくろう

こねこね

絵の具
食紅（色）

ボール

水　小麦粉

・アレルギーなどは、事前にチェック

・リキッド（液体）粘土
凸凹を楽しむ

かくそう！　かたまる！

乾燥して固まる

② 液体粘土に布をひたす

ひたした布を凸凹の上に

ホイップ粘土　液体粘土

51

雪・氷 でつくろう

☆ 雪とは水蒸気が大気中の微粒子に付いて凍って固体となり、地上に降りてきたもの 雪にもさまざまな質感がある。粉雪、ぼたん雪など

☆ 氷とは、水が0°C以下の氷点下になって液体である水が固体に変化したもの

A. 雪

屋外での活動に適した防寒着や替えの手袋なども用意しよう

[前夜などに雪が降り積ったとき]

あっ！足跡が?!模様になる

人間スタンプ

スタンプだぁ

色水でかく

雪山

雪だるま

ケーキ！

型抜きして

色水で

ペットボトルなど

雪

スノーキャンドル

雪玉で

B. 氷

さぶっ！

氷点下

ぬれたTシャツ凍ってる！

カチコチだー

翌日

寒い夜に水から氷になる

ブルブル〜

・水（色水）
・キラキラする物など
事前に

わぁー！

冬となかよし
雪や寒さと友だちになろう

牛乳パック

トレー

ーー暗くしてーー

つくる

　子どもにとって，さまざまな材料や用具を使ってつくる造形活動は，多くの工夫を生み出します。創造的な造形活動は，創造性の育成に寄与しているのです。「工夫する」ことは，子どもも大好きです。自分なりに工夫して表すことに喜びを感じます。決められた「答え」しかなく，決められた通りに，切ったり，折ったり，組み立てるとしたら，発想も広がりません。

　人類にとって，材料と用具は，密接な関係があります。家を建てる，料理をつくるなど，衣食住に関わるありとあらゆるものが，「材料」と「用具」の関係から成り立っています。

　子どもが「はさみ」（用具）を使って，紙（材料）を切る行為には，人類と文化・文明の原点さえ感じることができます。

　漢字の「初」も，刃物で布を切ることから，創造が始まることを表しています。また，「創」の字も，ツクリの「リ」は傷をつけるという意味を持っています。人間の手で人為的な行為を施すところから「創造」が始まるのです。

　安全な用具の扱い方を理解して，思いの実現に向けて，用具を操ることで，つくる喜びを味わうことができるとともに，そこで身に付いた知識や技能は，生涯に渡って生きて働く資質・能力になるのです。

つくってあそぶ 用具

☆ 用具は、正しく安全に使うことが大切

☆ 用具は、使い慣れると思いに合った形をつくる ことができる

切る
- はさみ
- カッターナイフ
- ダンボールカッター など

貼る
- セロハンテープ
- のり・接着剤
- ステープラ(ホチキス) など

はさみのもち方

※ 丸い形を切るとき 紙を回しながら切る

カッターナイフのもち方

※ 刃はすじ 1〜2つ分

※ えんぴつと同じもち方

ダンボールカッター

※ 紙やダンボールをしっかり 押えて切る

人に渡すとき

ハイ! どうぞ!
刃先を自分が持ち 柄の方を相手に向 けて渡す

商品名
- セロテープ
- (木工用)ボンド
- クーピー
- クレパス など

<参考> 文部科学省HP 「図画工作で扱う材料や用具」

54

用具となかよし

ちょきちょき はさみとともだち

＜材料・用具＞
・折り紙（色紙），はさみ
・のり

はさみの使い方

1 グー・パー・グー・パー♪
* 「にぎる」「ひらく」の繰り返し

3 正しく持つ

*. 基本は，上の穴に親指を入れ
下の穴に人差し指と中指を入れる

2 よそ見しないで！ 体の正面で切る

イスに深く腰かけて
背筋をのばしてすわる いいしせいだね

4 ゆっくり ゆっくり
切ってみよう

2～3cm 色紙の帯

ちょっきん ちょっきん ちょきん…

いいね その調子！

注意
はさみの刃先に絶対に手を置かない！

A. 1回切り（2才～）

15cm
2cm

∴ グー・パー！

切った紙 ジュースだよ
ストロー
きれい！
透明コップ

フー！！
ビニル袋
すごーい
紙片が回るよ！！

B. 2回切りから連続切りへ（3才～）

折り紙 半分の大きさにして切る

のり のり
のり
つないでみよう

15cm
折り紙
15cm

ちょき ちょき

いいね！
輪にしてみよう

わあ！
つないだテープで
しっぽとりゲーム
たのしい！

渡し方
閉じたはさみの刃先を持って渡す

しまい方
穴をあけた箱に立てる

55

つくって あそぼう

ころ ころ ころがる

<材料・用具>
はさみ、のり、セロテープ、
A：筒状の空容器、タオル、ビー玉や鈴
B：ガムテープなどの芯、マスキングテープ
D：紙コップ、ビニルテープ、ビー玉　他

0～1才
A. コロコロ・キャンディ

1 筒状の空容器　タオル
おはじき　ビー玉　鈴　カラー輪ゴム
ガラガラ　コロコロ

2 ビー玉などを空容器に入れる
タオルを丸めてくるむ
完成！
カラー輪ゴムで止める

0～1才
B. 輪っか・コロコロ

1 ラップの芯　トイレットペーパーの芯　切る　ガムテープの芯
2 芯をいろいろな長さに切って模様をつける
3 空箱で坂をつくろう

2～3才
C. コロコロ・おいかけっこ

A4判のコピー紙または画用紙
（＊余りの用紙を活用しよう）
半分に切る
のりをつける
片方を丸めて接着する　のり
完成！
まて まて～！
フー！
コロコロ

3～5才
D. 紙コップ・コロコロ

マスキングテープ
＊中にビー玉や鈴を入れる
ビニルテープ
・紙コップの中にビー玉を入れて坂を滑りおりる
スー！
カタンカタンクルクル
くるくる
ビー玉

56

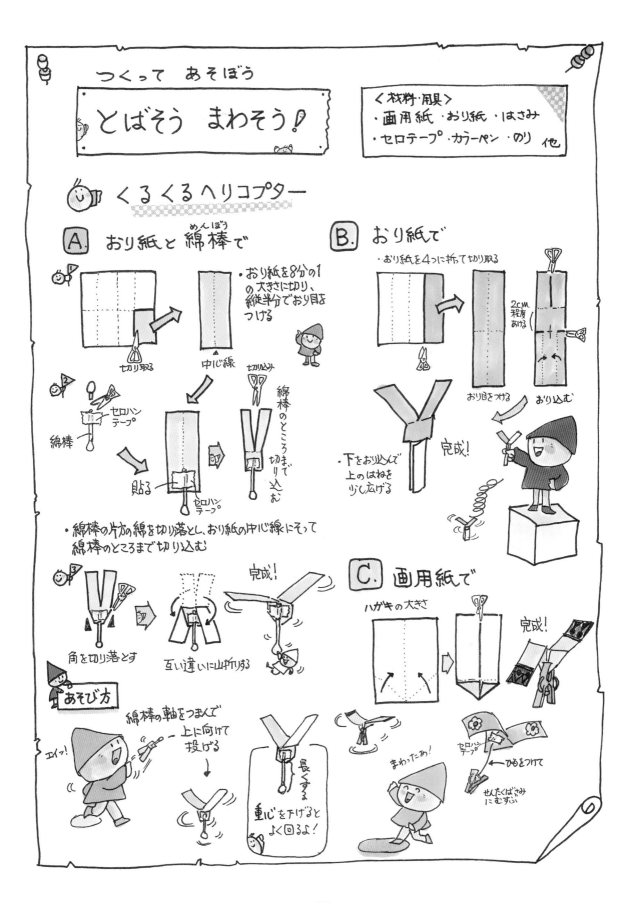

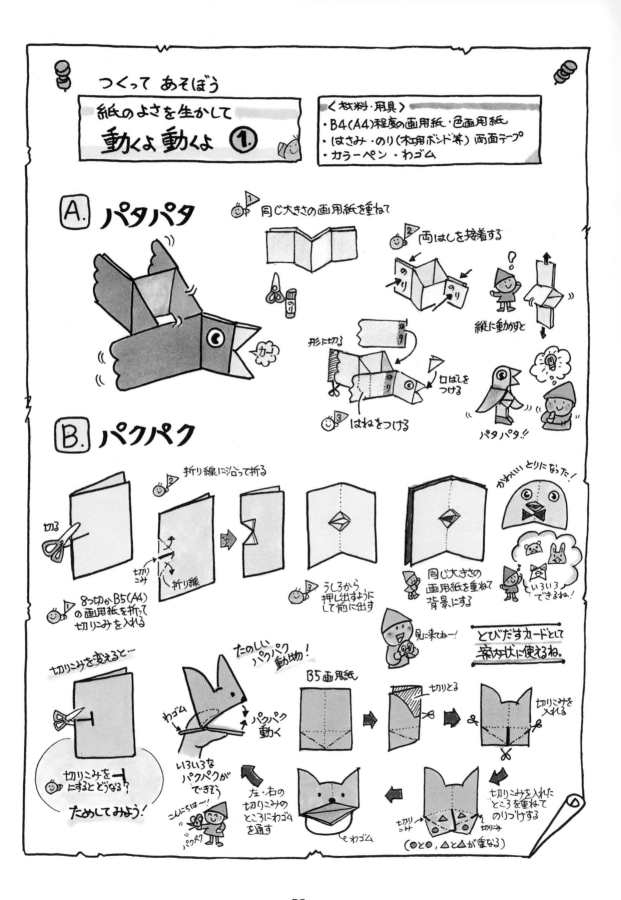

つくって あそぼう

紙のよさを生かして
動くよ 動くよ ①

〈材料・用具〉
・B4(A4)程度の画用紙・色画用紙
・はさみ・のり(木工用ボンド等)両面テープ
・カラーペン・わゴム

A. パタパタ

① 同じ大きさの画用紙を重ねて

② 両はしを接着する

縦に動かすと

形に切る

③ はねをつける

口ばしをつける

パタパタ!!

B. パクパク

① 折り線に沿って折る

切る

切りこみ

折り線

8つ切か B5(A4)の画用紙を折って切りこみを入れる

うしろから押し出すようにして前に出す

同じ大きさの画用紙を重ねて背景にする

かわいい とりになった!

いろいろできるね!

見に来てね~!

とびだすカードとして案内状に使えるね。

切りこみを変えると…

切りこみを
☐ にするとどうなる?

ためしてみよう!

こんにちは~!

パクパク

たのしいパクパク動物!

わゴム

パクパク動く

いろいろなパクパクができるよ

左・右の切りこみのところにわゴムを通す

B5画用紙

切りとる

切りこみを入れる

わゴム

切りこみを入れたところを重ねてのりづけする

切りこみ

切りこみ

(●と●, △と△が重なる)

58

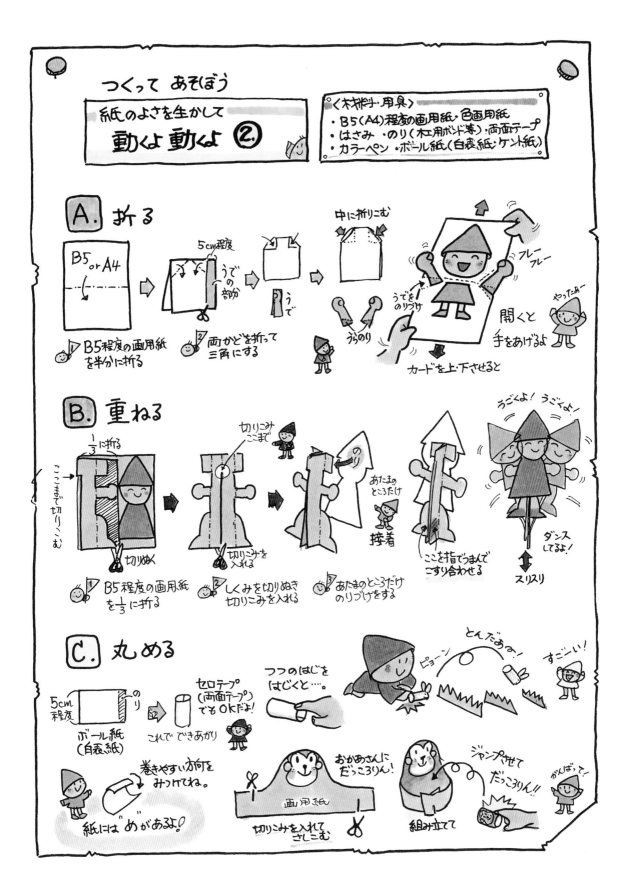

つくって あそぼう

紙のよさを生かして
動くよ 動くよ ②

〈材料・用具〉
・B5（A4）程度の画用紙・色画用紙
・はさみ　・のり（木工用ボンド等）・両面テープ
・カラーペン　・ボール紙（白表紙ケント紙）

A. 折る

B5 or A4

5cm程度
うでの部分

中に折りこむ

フレーフレー

うで

うでをのりづけ

うらのり

開くと
手をあげるよ

やったあー

B5程度の画用紙を半分に折る

両かどを折って三角にする

カードを上・下させると

B. 重ねる

⅓に折る

切りこみ
こまで

ここまで切りこむ

のり

あたまの
ところだけ

接着

ここを指でつまんで
こすり合わせる

うごくよ！うごくよ！

ダンス
してるよ！

スリスリ

切りぬく

B5程度の画用紙を⅓に折る

切りこみを入れる

しくみを切りぬき
切りこみを入れる

あたまのところだけ
のりづけをする

C. 丸める

5cm程度

のり

セロテープ
（両面テープ）
でもOKだよ！

つつのはじを
はじくと……。

ピョーン

とんだあー！

すごーい！

ボール紙
（白表紙）

これで できあがり

巻きやすい方向を
みつけてね。

紙には"め"があるよ！

おかあさんに
だっこりん！

画用紙

切りこみを入れて
さしこむ

組み立てて

ジャンプさせて
だっこりん！！

がんばって！

59

つくって あそぼう

くるくる まわそう！

<材料・用具>
・ハガキ（DMなど）・紙皿・牛乳パック
・トイレットペーパーの芯・はさみ・カラーペン
・セロテープ・ホチキス・綿棒・目打ち・両面テープ

くるくる こまを つくろう

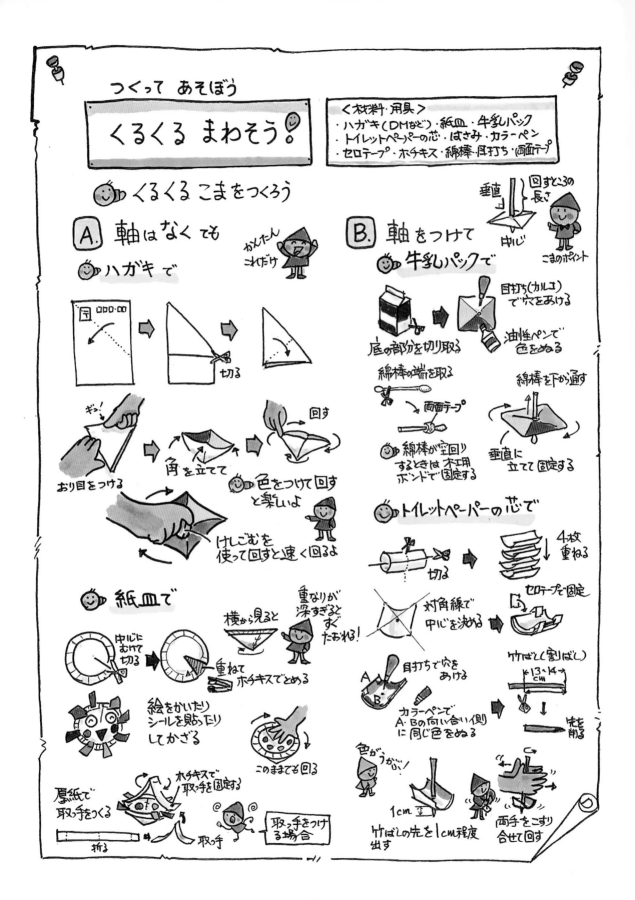

A. 軸はなくても

かんたん これだけ

ハガキで

切る

おり目をつける

ギュッ！

角を立てて

回す

色をつけて回すと楽しいよ

けしごむを使って回すと速く回るよ

紙皿で

中心にむけて切る

横から見ると

重なりが深すぎるとすぐたおれる！

重ねてホチキスでとめる

絵をかいたりシールを貼ったりしてかざる

このままでも回る

厚紙で取っ手をつくる

折る

ホチキスで取っ手を固定する

取っ手

取っ手をつける場合

B. 軸をつけて

垂直

回すところの長さ

中心

こまのポイント

牛乳パックで

底の部分を切り取る

目打ち（カルコ）で穴をあける

油性ペンで色をぬる

綿棒の端を取る

両面テープ

綿棒を下から通す

綿棒が空回りするときは木工用ボンドで固定する

垂直に立てて固定する

トイレットペーパーの芯で

切る

4枚重ねる

対角線で中心を決める

セロテープで固定

目打ちで穴をあける

A B

カラーペンでA・Bの向い合い側に同じ色をぬる

たけばし（割ばし）
13〜14cm

先を削る

色がうがい！

1cm

竹ばしの先を1cm程度出す

両手をこすり合せて回す

60

つくって あそぼう

まわるよ ブンブン グルグル

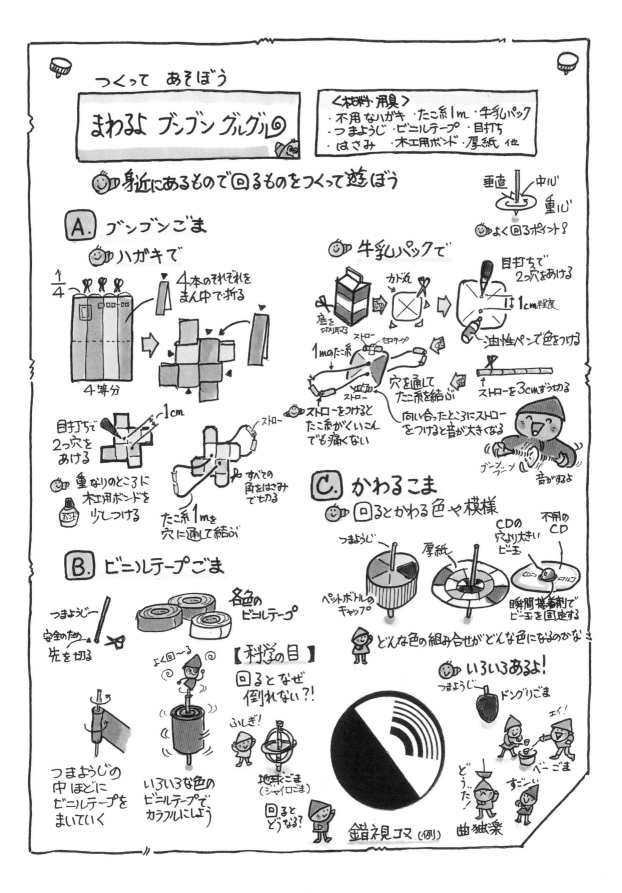

〈材料・用具〉
- 不用な はがき ・たこ糸 1m ・牛乳パック
- つまようじ ・ビニルテープ ・目打ち
- はさみ ・木工用ボンド ・厚紙 他

身近にあるもので回るものをつくって遊ぼう

垂直 / 中心 / 重心
よく回るポイント！

A. ブンブンごま

ハガキで

1/4
4等分
4本のそれぞれを まん中で折る

目打ちで 2つ穴を あける 〜1cm
重なりのところに 木工用ボンドを 少しつける
ストロー
ストローをつけると たこ糸がくいこん でも痛くない
すべての 角をはさみ で切る
たこ糸 1mを 穴に通して結ぶ

牛乳パックで

底を 切り取る
カドを
ストロー
セロテープ
1mのたこ糸
ストロー
目打ちで 2つ穴をあける
1cm程度
油性ペンで色をつける
穴を通して たこ糸を結ぶ
ストローを 3cm ずつ切る
向い合ったところにストロー をつけると音が大きくなる
ブンブン ブーン
音がするよ

B. ビニルテープごま

つまようじ
安全のため 先を切る

各色の ビニルテープ

つまようじの 中ほどに ビニルテープを まいていく

よく回〜る
いろいろな色の ビニルテープで カラフルにしよう

C. かわるこま

回るとかわる色や模様

つまようじ
ペットボトルの キャップ
厚紙
CDの 穴より大きい ビー玉
不用の CD
瞬間接着剤で ビー玉を固定する

どんな色の組み合せがどんな色になるのかな

いろいろあるよ！

つまようじ
ドングリごま
エイ！
べーごま
どうした！
すごい！
曲独楽

【科学の目】
回るとなぜ 倒れない？！
ふしぎ！
地球ごま （ジャイロごま）
回ると どうなる？
錯視コマ（例）

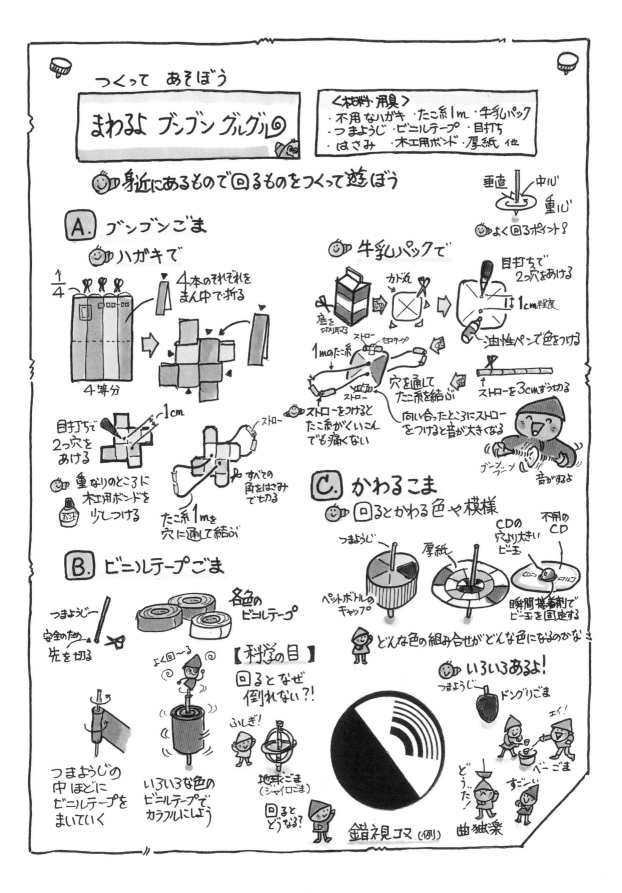

61

つくって あそぼう

いっしょに つれてって──♪

〈材料・用具〉
のり・はさみ・セロテープ
画用紙・カラーペン・ホチキス　他

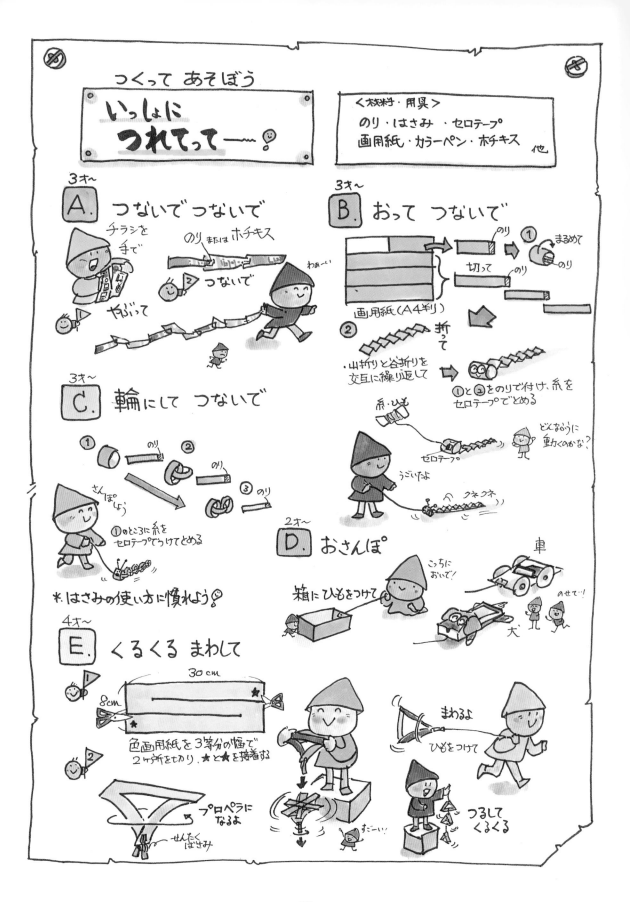

3才〜

A. つないで つないで

チラシを手で
のり またはホチキス
① つないで
やぶって
わぁーい

3才〜

B. おって つないで

① まるめて
のり
のり
切って
のり
画用紙（A4判）

② 折って
・山折りと谷折りを交互に繰り返して

①と②をのりで付け、糸をセロテープでとめる

3才〜

C. 輪にして つないで

① のり
② のり
③ のり

①のところに糸をセロテープでうけてとめる

さんぽう

糸・ひも
セロテープ
どんなふうに動くのかな？
うごいたよ
クネクネ

2才〜

D. おさんぽ

こちにおいで！
車
箱にひもをつけて
のせて！
犬

*はさみの使い方に慣れよう♪

4才〜

E. くるくる まわして

30cm
8cm
★
①
②
色画用紙を3等分の幅で2ヶ所を切り、★と★を接着する

プロペラになるよ
せんたくばさみ
だー！

まわるよ
ひもをつけて

つるしてくるくる

つくって あそぼう

おりがみ でとばそう 【4才〜】

<材料・用具>
・おりがみ, セロハンテープ,
カラーペン

······<谷折り>折って内側になる　ー・ー・ー <山折り>折って外側になる

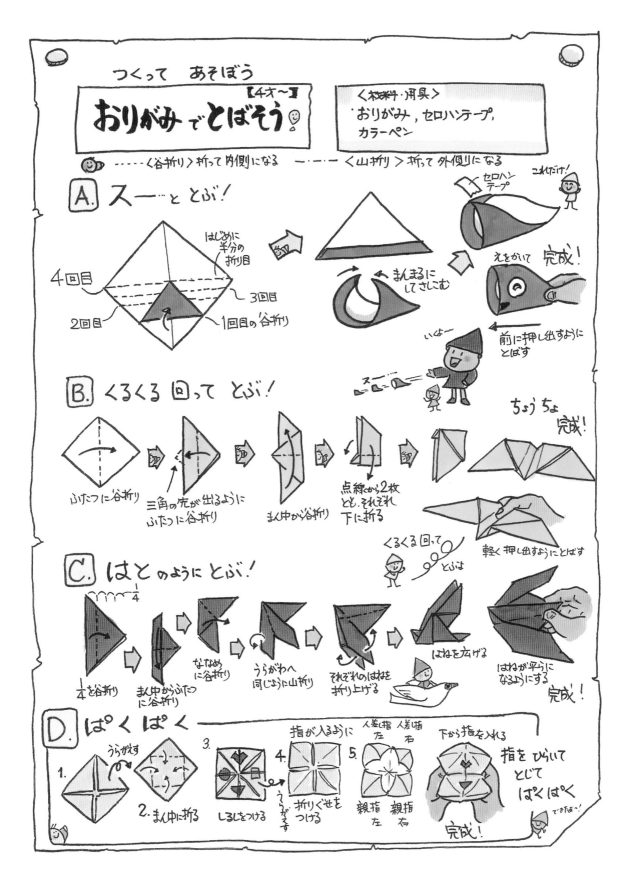

A. スーーっと とぶ!

はじめに半分の折り目
4回目
3回目
2回目
1回目の谷折り

セロハンテープ
これだけ!

まんまるにしてさしこむ

えをかいて 完成!

前に押し出すようにとばす

いよ〜

スーーー

B. くるくる 回って とぶ!

ふたつに谷折り
三角の先が出るようにふたつに谷折り
まん中から谷折り
点線から2枚とも、それぞれ下に折る

ちょうちょ 完成!

くるくる回って とぶ
軽く押し出すようにとばす

C. はと のように とぶ!

¼を谷折り
まん中からふたつに谷折り
ななめに谷折り
うらがわへ同じように山折り
それぞれのはねを折り上げる
はねを広げる
はねが平らになるようにする
完成!

D. ぱくぱく

1.
うらがえす
2. まん中に折る
3. しるしをつける
指が入るように
4. うらがえす 折りぐせをつける
5. 親指左 親指右
人差し指左 人差し指右
下から指を入れる
指をひらいてとじてぱくぱく
完成!
できたよ〜!

つくって あそぼう

一 開くと あっ!!
とびだす楽しいカード

〈材料・用具〉
・画用紙・色画用紙
・カラーペン・色鉛筆
・はさみ・のり・接着剤 など

とびだすわくわく感とプレゼントする楽しさをカードづくりを通して味わう

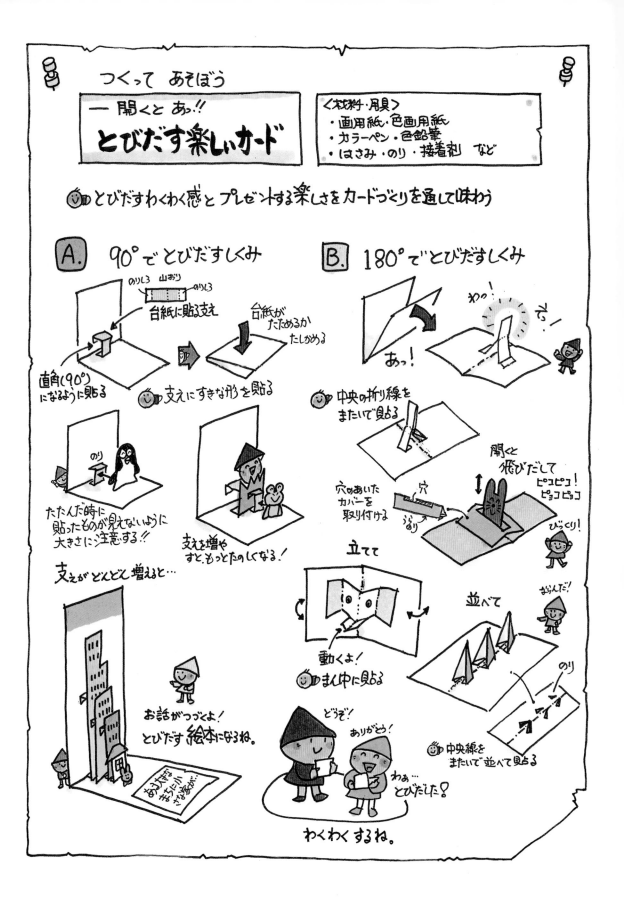

A. 90°でとびだすしくみ

のりしろ 山おり のりしろ
台紙に貼る支え

台紙がたためるかたしかめる

直角(90°)になるように貼る

支えにすきな形を貼る

のり

たたんだ時に貼ったものが見えないように大きさに注意する!!

支えを増やすと、もっとたのしくなる!

支えがどんどん増えると…

お話がつづくよ!とびだす絵本になるね。

B. 180°でとびだすしくみ

わっ!
て!
あっ!

中央の折り線をまたいで貼る

穴のあいたカバーを取り付ける

開くと飛びだしてピョコピョコ! ピョコピョコ
びっくり!

立てて

動くよ!
まん中に貼る

並べて
ならんだ!

のり

中央線をまたいで並べて貼る

どうぞ!
ありがとう!
わぁ…とびだした!

わくわくするね。

64

つくって みよう

和紙をはってつくる
はりこのリンゴ

〈材料・用具〉
・リンゴ（1個） ・半紙（または お花紙）など
・木工用ボンド ・絵の具 ・ニス（水性）
・カッターナイフ ・わりばし ・紙皿

☕ 和紙のよさや軽くて丈夫な はりこの成形技法を用いてつくる

1. リンゴに半紙（和紙）をはる

へたを取る

半紙（和紙）

ちぎって

① はじめに水だけではる

水

水と木工用ボンドを加えた液

② 半紙を4〜5層はる

リンゴの赤色が見えなくなるまではる

③ わりばしの上に置いて乾燥させる

わりばしでリンゴを浮かせる

へたはあとで使うよ！

へたをセロテープでとめておく

2. リンゴを取り出し、はりこを合体する
（タイムカプセルになるよ）

リンゴを取り出す場所を決める。再び合体させるときの目印をつける

注意！ カッターナイフで切る

一度で切ろうとせずに数回に分けて少しずつ切る

リンゴを取り出す
ちぎった紙

水で溶いた木工用ボンドで切ったところを半紙で接着

合体する前に タイムカプセル 今の自分を〇〇年後に！

乾燥させる

急ぐとき ドライヤー

半紙

3. 色をつける

どんなリンゴになるのかな

水彩絵の具で

どんなリンゴにする？

・本物そっくりに！
・星空のリンゴも…
・青春の色で染めて
・模様で飾って…
・色紙を貼って
いろいろあるよね！

自分だけのリンゴをつくろう

でできるなら…

石だって ビンだって 野菜だって

はりこになる

そうか！

どれが本物かわかる？！

わかる？

そ！？

4. ニスを塗る

へたを木工用ボンドで接着

刷毛

水性ニス

透明なニスによって表面の保護と光沢がでる

☕ うすく塗って乾燥させ数回繰り返す

65

つくって みよう

自然枝を生かして 🧑をつくろう　1.

<木材料>
・自然枝(枝・石)・木球(30mm)
・ケケヒゴ(3mm)・丸棒(6mm)・羊毛(各色)
・革(はぎれ各色)

🧑 自然枝を組み合せて 立体物をつくる

<用具>
・のこぎり(万能のこぎり)
・ドリル(非は.卓上ボール盤)
・ドリル刃(鉄工用 φ6mm、φ3mm)
・木づち(非は プラスチックハンマー)
・紙やすり(#180または#240)
・木工用ボンド・ゴム系接着剤
・万力, U字クランプ など

1. 枝から 🧑の人形をつくる

Ⓐ 🧑の体をつくる

Ⓑ 🧑を設置する土台(枝・石など)

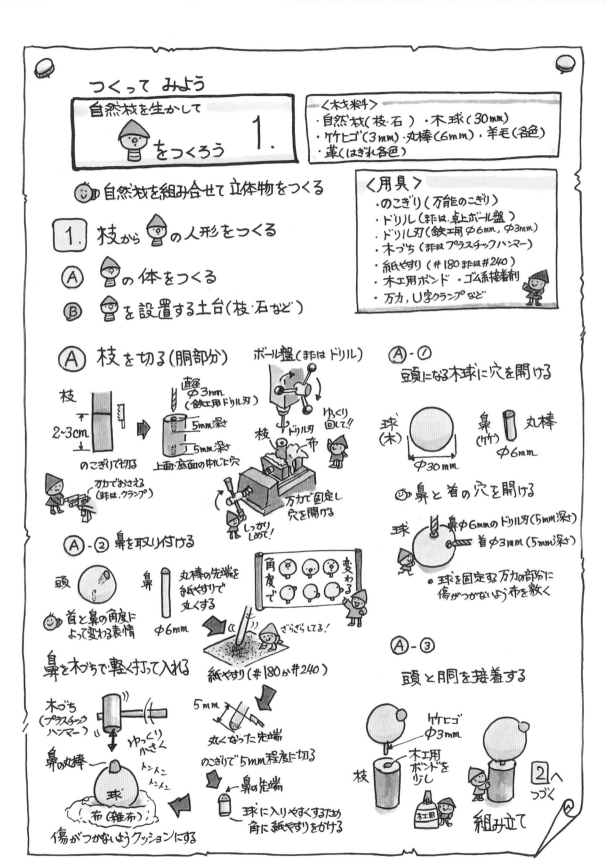

Ⓐ 枝を切る(胴部分)

枝
2~3cm
のこぎりで切る
万力でおさえる
(非は.クランプ)

直径φ3mm
(鉄工用ドリル刃)
5mm深さ
5mm深さ
上面・底面の中心に穴

ボール盤(またはドリル)
ゆっくり回して!!
枝 布 ドリル刃
万力で固定し穴を開ける
しっかりしめて!

Ⓐ-① 豆頭になる木球に穴を開ける

球(木)
φ30mm
鼻(ケケ)
丸棒
φ6mm

🧑 鼻と首の穴を開ける

球
鼻φ6mmのドリル刃(5mm深さ)
首φ3mm(5mm深さ)
● 球を固定する万力の部分に傷がつかないよう布を敷く

Ⓐ-② 鼻を取り付ける

頭
🧑 首と鼻の角度によって変わる表情
鼻
φ6mm
丸棒の先端を紙やすりで丸くする
角度で
変わる
ざらざらしてる!
紙やすり(#180か#240)

鼻を木づちで軽く打って入れる

木づち(プラスチックハンマー)
ゆっくりかるく
トントントントン
鼻の丸棒
球
布(雑布)
傷がつかないようクッションにする

5mm
丸くなった先端
のこぎりで5mm程度に切る
鼻の先端
球に入りやすくするため角に紙やすりをかける

Ⓐ-③ 頭と胴を接着する

ケケヒゴφ3mm
木工用ボンドを少し
枝
木工用

組み立て

2 へつづく

つくってみよう

自然枝を生かして 2. をつくろう

〈材料・用具〉
・革 ・ゴム系接着剤（G17・Gクリヤー）
・ドリル（φ3mm）・ドリルドライバー
・目打ち（または.カルコ）・羊毛 ・羊毛針

2. 羊毛で服をつくる

羊毛
①
②
③
2～3色

羊毛針
先に気をつけて！

羊毛①を巻きつけながら針で差し込む

羊毛②を①に少し重ねるように差し込む

羊毛①

必要に応じて羊毛③を差し込む

羊毛が抜け落ちないよう針でしっかり差し込む

色の配色を工夫してすてきに！！

革のぼうしをつくる

革用
ゴム系接着剤

型紙
色画用紙などで型紙をつくる

革（はぎれ）
型紙に合せて切り取る

革の端からむだのないように切る

重なりの両面にゴム系接着剤をつける
接着剤のはみ出し注意

ゴム系接着剤
はみだし注意！
両面に接着剤

ぼうしの角度と顔の向きを調整したあとに接着する

目打ちまたはカルコで目・口を入れる

表情が決まる！！

3. 土台に設置する

B 土台に を接着する

木　板　石

木工用ボンド

透明クリヤー（ゴム系）

ドリル・ドライバー（φ3mm）

直上から直角に5mm深さの穴

土台の厚みに注意して！！

完成！

できた！
竹ヒゴ φ3mm 木工用ボンドで接着
竹ヒゴ

木

いいね！
枝

すごい！
石

ぼうー！
つたのリース

つくってみよう

自然枝を生かして
石ころ・アート

<材料・用具>
・石（川の上流・下流で形が変わる）
・アクリル絵の具・ポスターカラー・クレパス・ポスカ
・水性ニス・接着剤（2液性 エポキシ）他

A. クレヨン (クレパス, ポスカ)

ポスカ

クレヨン(クレパス)

色を重ねても たのしい

つやだし
水性ニスで ピッカピカ！

☆ 光沢がでる
・汚れなどがつきにくい
・表面の絵を守る

🕐 30分ほどで乾燥する
・刷毛は使用後に すぐ
　水洗いする

B. 絵の具

アクリル絵の具
（アクリル・ガッシュ）

・ポスターカラーなど, 乾燥後に
耐水性になる絵の具でもOK！

接着するとき

○ 速乾 (5~15分で乾燥)

［・紙・木・キャンバス(布)・石・ガラス
・発泡スチロール・ペットボトルにもかける］

☆ 絵の具2：水1の割合

白で
下地をつくる
↓
発色のよい
仕上りになる

エポキシ

ⒶとⒷを混ぜて使う

石
ⒶⒷを混ぜた
接着剤
マスキングテープ

テープで固定

筆についた絵
の具は 乾燥前
に水洗いする！

▶ 接着剤が乾燥後着色

▶ パレットは 乾くと取りづらいので "紙皿など" を使う
（紙パレット）

C. 物語をつくろう ── 他の材料と組み合せて

空箱に

・石を主人公にして 空箱に
情景をつくる

【物語】をつくる

こんにちは
やあ！

枝・葉と

身辺枝と

フレーム・アート

フェルトや布
毛糸など

羊毛を
石けんと湯で
石にまく

毛糸をまく

枝のフレーム

コルクボード他に
接着

つくって みよう

羊毛でつくろう
フェルト・ボール

<材料・用具>
・羊毛（色麻毛）各種, ぬるま湯, 石けん
・羊毛針 ⎯⎯⎯⎯ 7.5cm, ニードルクッション
　（ニードル）（スポンジ・発泡スチロール）

羊毛には. キューティクルという小さな
うろこがあり, そこに水分や熱・まさつ
が加わると繊維同士が縮みからみ合う

 ポイント
温度と湿度（湯）と 石けん。
それに 圧力と時間をかけると
フェルト ができる

A. お湯と石けん水でつくる

1.

2.
まいて

3. お湯と石けん

4. あとは
コロコロ

石けん水

☆ 硬くなったら おにぎりをにぎるように！

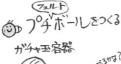
フェルト プチボールをつくる

ガチャ玉容器

ねじ式

コーヒー
アルミ
プラカップ

どうなるかな？！

ふりふり！

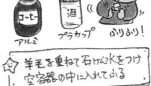
☆ 羊毛を重ねて石けん水をつけ
空容器の中に入れて ふる

リンリン・ボール

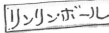
【プラ鈴】
鈴を羊毛
フェルトの
中に入れて
つくる

リン！ リン！

☆ 透明密閉
容器を2つ
重ねてボール
落としてね。

ビニール
テープ
接合

ふたに
穴をあけて

B. ニードルでつくる
（羊毛針）

軽く
浅く
（細・中・太）
まっすぐ刺して. まっすぐ抜くように 力を入れ
すぎない！

1.
羊毛を2つに分ける

2.
手のひらで まく

3.
ぎゅ！
ぎゅっと
縮める

C. 組み合せて
いろいろ できるよ！

ガチャ玉 や 石 に 石けん水

発泡スチロール や 枝 にまいて ニードル
ツンツン

4.
③を心にして また
羊毛をまく

5.
ツンツン！
指を金サで
ささないで！！
気をつけて！！
ニードルでさす。
全体をまんべなく
丸くする

☆ 模様をつける
別の羊毛を
おいてツンツン！
スポンジ

子どもが絵をかくということ
―― 子どもの絵は自分に宛てた手紙です [1]

　子どもの絵に「良い・悪い」はありません。あるとしたら子どもの発達や思いを踏まえた「適切な指導」か，そうではない「不適切な指導」でしょう。不適切な指導とは子どもの表現を見下し冷笑したり，他の子どもと比べ「悪い絵」として論(あげつら)ったりする指導です。子どもは思いを絵に表すのです。その子どもの思いを踏みにじる指導は，もはや虐待だと自省してほしいのです。

　子どもの絵は自分に宛てた手紙なのです。それは成長の軌跡であり，生きた証なのです。このことは将来への約束でもあります。子どもは絵をかきながら，自分を育てているのです。自分の資質・能力を発揮して表現しながら，人間性や情操を培い，主体的に学ぶ態度を養っているのです。

　夢中になって「かききった！」「やりきった！」と思える瞬間の達成感や充実感に溢れるときの感覚や記憶は，いつまでもあります。

　戦後の「創造美育運動」を主宰した久保貞次郎は，次のように語りかけます [2]。

　「きみもゆったりした気持ちで，絵を描きたまえ。あまりうまく描こうと思ってはいけない。うまい絵というのは，うわべだけが大人の絵に似ているだけのことだ。ただ，のんびりと楽しくかくことだ。楽しくかくには，まず，どんな絵をかこうとだれも　もんくをいわないと，かたく，信じたまえ。そうして，自由自在に思いきり　のびのびとかこう。そうすれば，すばらしい夢にあふれた絵ができる。」

　あなたは，この語りかけをどう受け取りますか。

　「ゆったり，のんびりかくなんてできない」「時間がない　子どもも忙しい」などのつぶやきが聞こえてきそうです。

　多くの大人は，絵をかくのが嫌い，苦手，といいます。どこでそんな苦手意識がかかったのでしょうか？　その一つに「評価」があります。「上手・下手」などの他者の批評や評価が気になり，かくことから遠ざかったり，「こうかこう」と思っても技能が伴わず，描こうと思ったこととずれたりしてしまったなどです。

　でも，絵をかくことも，歌うことも，食事と同じように自分の生活の一部になっていたら，豊かで楽しい幸せな時間をもつことができます。家族と一緒にその時間を共有できたとしたら，もっと幸せを感じることができます。

　私たちは「上手い絵」ではなく，思いのままに自分の絵をかくことが楽しいと感じる教育を目指しています。

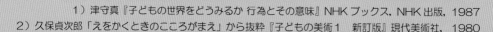

1）津守真『子どもの世界をどうみるか　行為とその意味』NHK ブックス，NHK 出版，1987
2）久保貞次郎「えをかくときのこころがまえ」から抜粋『子どもの美術 1　新訂版』現代美術社，1980

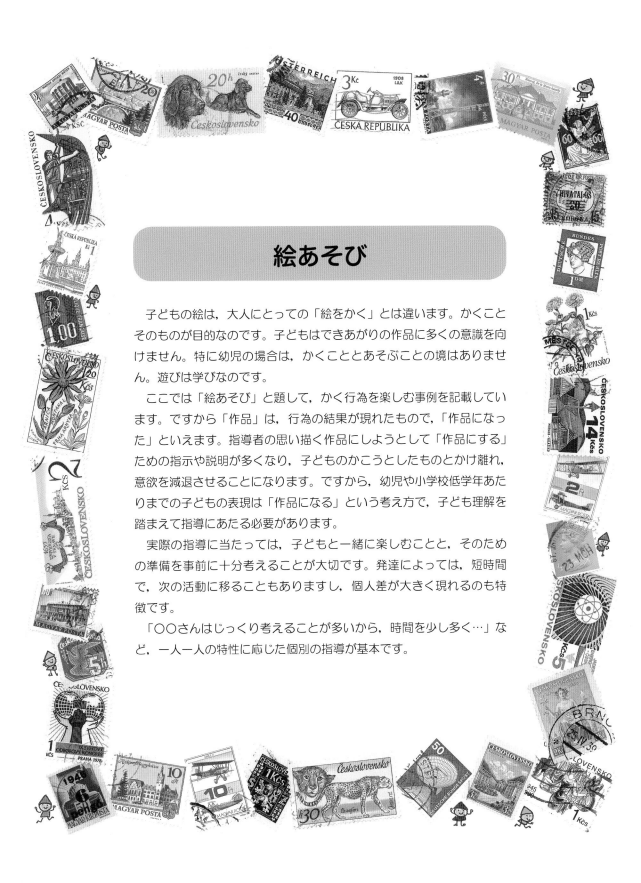

絵あそび

　子どもの絵は，大人にとっての「絵をかく」とは違います。かくことそのものが目的なのです。子どもはできあがりの作品に多くの意識を向けません。特に幼児の場合は，かくこととあそぶことの境はありません。遊びは学びなのです。

　ここでは「絵あそび」と題して，かく行為を楽しむ事例を記載しています。ですから「作品」は，行為の結果が現れたもので，「作品になった」といえます。指導者の思い描く作品にしようとして「作品にする」ための指示や説明が多くなり，子どものかこうとしたものとかけ離れ，意欲を減退させることになります。ですから，幼児や小学校低学年あたりまでの子どもの表現は「作品になる」という考え方で，子ども理解を踏まえて指導にあたる必要があります。

　実際の指導に当たっては，子どもと一緒に楽しむことと，そのための準備を事前に十分考えることが大切です。発達によっては，短時間で，次の活動に移ることもありますし，個人差が大きく現れるのも特徴です。

　「〇〇さんはじっくり考えることが多いから，時間を少し多く…」など，一人一人の特性に応じた個別の指導が基本です。

絵をかく 用具

かくもの〈描画材〉

・クレヨン
・色鉛筆
・マーカー
など

☆ クレヨン・パス
・力の加減でいろいろな線が表現できる

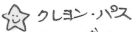

☆ 色鉛筆（クーピーペン）
・淡い感じの表現ができる身近な筆記具

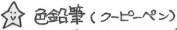

☆ マーカー（カラーペン）
・はっきりとした線がかける
・水性と油性がある

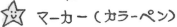

平筆

筆 大6号 小8号

丸筆

もちやすい かきやすい

ポイント

指導に当って大切なのは、材料や用具に「触れる」「遊ぶ」「慣れる」ことです。そのためには、指導者自身が子どもの目線で体験的に理解することです。

共同絵の具（ポスターカラー）

共同絵の具

トレイ

皿 パレット

持ちやすいビン

卵パック

・ローラー
・布
・わりばし
・指 など

画用紙 など

新聞紙
色画用紙
和紙
ボール紙
画用紙
ダンボール紙

いろいろあるね

など...

かかれるもの〈支持体〉

絵あそびには、学ぶことがたくさんあるよ。

子どもの思いを 絵に表す指導のポイント

① 扱いやすい描画材料・用具を選ぶ
② 描画材料・用具の特性を生かす
③ 正しい描画材料・用具の扱い方を知る
④ 技術指導ではありません！

絵あそびしよう

おもいっきり クレヨンと仲よし 【3才～】

<材料・用具>
・画用紙（こすりだしは コピー紙OK）
・クレヨン（色鉛筆・カラーペンでもOK）
・はさみ ・のり（接着剤）

😊 手や指先の感覚を育み表現する楽しさを味わう一筆圧を高めコントロールする活動

A. てんてん絵あそび

あっ！
ありさん

😊¹ 画用紙の中央にありの穴を開ける

😊² 回りにありの大好きなお菓子や果物をかく

😊³ あっ！ ありさんが出てきたよ。
足跡が てんてんと付いてるよ。

😊 点々をはじめに自由に打って色の線で つなぐこともできる

B. せんせん絵あそび

雨だ

虹だ

😊 色の雲から色の雨が降ってきた！

😊 色の雲と雲が虹でつながった！

目が回る

グルグルとピューンも楽しい

わたがし 棒を先にかいて

きれい！

花火 花火を先にかいて

C. めんめん絵あそび

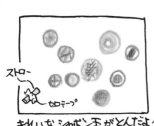
ストロー
セロテープ
きれいなシャボン玉がとんだよ！

○○○プン
○○

クレヨンを折って太い道

画用紙を縦長に切って

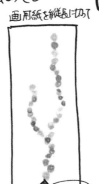

おっとっとっ！ はじめに台に白をかく

バランスバランス！

D. いろいろ絵あそび

いらっしゃーい！

おいしそう！

ペロペロキャンディ

わりばし
箱

いろいろクッキー

こすりだし

ここにも！

切って貼って

😊 凸凹をこすっていろいろ集めよう！

はさみ のり（接着剤）

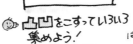

絵あそびしよう

おもいっきり 絵の具と仲よし 【2才〜】

<材料・用具>
・画用紙（個人用：八つ切・四つ切）
　　　　（共同用：全判、ロール紙）
・共同絵の具、筆、刷毛、筆洗、雑巾 等

絵の具と全身でかかわったり思いのままに筆を動かしたりして 絵をかく楽しさを味う

A. 全身でかこう

ビンと筆を持ってかく

立てかくときは、安全に配慮する

広い場所に紙を広げたり、立てたりして全身で絵をかく

筆は、16号程度の太筆（刷毛でもOK）

B. 絵の具と遊ぶ（筆なし）

色混ぜ遊び
絵の具を2色入れてまぜまぜ！（すこし水を）

チャック付きビニル袋

いろいろ ジャムやさん
パン型！の画用紙

洗濯のりを混ぜた絵の具をへらで混色します。
洗濯のり 絵の具

色水づくり

箱の中に画用紙を置いて絵の具の付いたビー玉を転がす
コロコロ・アート

C. 共同絵の具でのびのびと

右ききの子どもには、時計回りに座ると共同絵の具が使いやすいね。

大きな絵

トレーに絵の具の入ったビン

色 主に3原色+白が（赤黄青）あるといいね

ローラーやクレヨンと合せて

画用紙をTシャツの形にして

D. 個人絵の具はムリせずに

トレー（アルミ製など）

梅皿（プラスチック製）

玉子パック（半ダース）

筆洗バケツ

雑巾

個人用パレット
小学3年生から
図工の教科書に登場します。

ダメダメ!!
禁止事項の多い指導はダメ!!

プンプン
たのしくなーい…。

74

絵あそびしよう

これで おしたら 【4才〜】 どうなる スタンプ

<材料・用具>
・画用紙(版画紙),スタンプするもの
・絵の具,筆,トレー,雑布 他
＊濃いめの溶き絵の具 または 石かい絵の具

A. プチプチで

エアパッキン

板状のダンボールに接着する

厚紙の持ち手

ラップの芯

新聞紙を丸めて粘着テープでとめる

エアパッキンを(プチプチ)まきつけて粘着テープでとめる

B. ラップで

ラップ

ラップの芯

新聞紙を丸めて

粘着テープで固定する

どんなふうに写るかな?

トレー

雑布

身の回りにいろいろあるね。

空容器
ブロック
積木

C. ダンボールで

片面ダンボールを筒状に丸めて輪ゴムで止める

輪ゴム

どんな模様が写るかな?

持ち手を空容器でつける

粘着テープ

インクをつけて押す!

紙の下に布などを置くと沈み込みきれいに写る

D. 油粘土で

粘土の形をいろいろ変えて!

ぺったん!

なんども試してみよう!

絵の具をつけて

これで押したら…

わぁーい!

これもあるね

ぬれ雑布

E. 葉っぱで

濃いめの絵の具をつけてぺったん!

どこにぺったんしようかな?

あっ…!? 何か見えてきた!

スタンプ台:トレーなどに絵の具を溶いた布をしいて、色別に分けて置く。

絵あそび しよう

これで かいたら どうなる 筆 (ふで) 【4才〜】

<材料・用具>
・画用紙(共同用)、絵の具、カップ、トレー、ブルーシート、筆になりそうなもの 他

＊．溶いた絵の具は カップや トレーに つくる

筆がなくても
絵は かける
手や棒でもかける

こんなもので
かいたら
おもしろいなぁと
思うものでかいてみよう

A. しっぽ筆 (ひも)

① わりばしの先に30cm程度に切った たこ糸をしっかり結びつける

② 結び目に粘着(ビニル)テープで固定する(ビニルテープの色と絵の具の色を同じにする工夫もできる)

＊．綿ひもの太さをいろいろ変えてみる

＊．しっかり固定する
(結んだところに粘着テープ)

ありがとう!

D. スティック筆 (わりばしと布)

① 30cm程度の細い棒に布やスポンジを球状にして巻きつける

② 木琴のばちをたたくように紙の上に絵の具をつけていく

＊．丸めた布は粘着(ビニル)テープでしっかり固定する

あッ!
わぁー!
ニョロ ニョロ
ポン!
エイッ!
たのしい!

B. ぞうきん筆

① 雑巾やタオルなどをしっかり丸めて粘着(ビニル)テープで巻く

② 子どもの手の大きさに合せて太さや種類を工夫する

＊．色別にビニルテープで固定して、絵の具の色と合わせる

C. ぽんぽん筆 (ひもと布)

スポンジ　くし　輪ゴム
わた　枝　葉
木の実
綿棒
歯ブラシ　布
まだあるよ

① しっぽ筆のひもの先に、布を丸めた1cm程度の玉をつける

② 釣りざおのように 絵の具をつけた玉を 画用紙の上で上下に動かす

＊．ふり回して友だちの活動のじゃまにならないようにする

こんなのはどうだろ…?
あッ!
いいこと考えた!
どんなアイデアかな

参考: 金子光史『アートびっくり箱』学研教育出版, 2008

76

II 学びのABC
─指導（保育）の実践編─

3 日常執務の基本

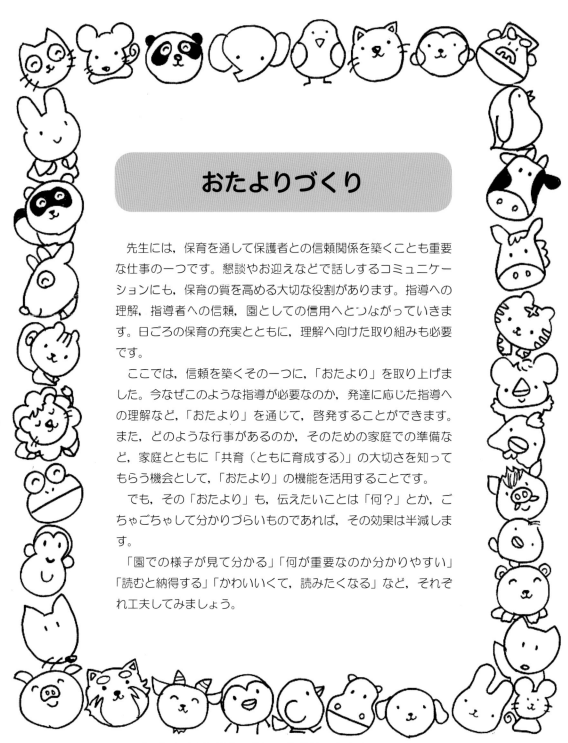

おたよりづくり

　先生には，保育を通して保護者との信頼関係を築くことも重要な仕事の一つです。懇談やお迎えなどで話しするコミュニケーションにも，保育の質を高める大切な役割があります。指導への理解，指導者への信頼，園としての信用へとつながっていきます。日ごろの保育の充実とともに，理解へ向けた取り組みも必要です。

　ここでは，信頼を築くその一つに，「おたより」を取り上げました。今なぜこのような指導が必要なのか，発達に応じた指導への理解など，「おたより」を通じて，啓発することができます。また，どのような行事があるのか，そのための家庭での準備など，家庭とともに「共育（ともに育成する）」の大切さを知ってもらう機会として，「おたより」の機能を活用することです。

　でも，その「おたより」も，伝えたいことは「何？」とか，ごちゃごちゃして分かりづらいものであれば，その効果は半減します。

　「園での様子が見て分かる」「何が重要なのか分かりやすい」「読むと納得する」「かわいいくて，読みたくなる」など，それぞれ工夫してみましょう。

【ひとやすみ】動物の枠に，色鉛筆で色を塗ってみよう

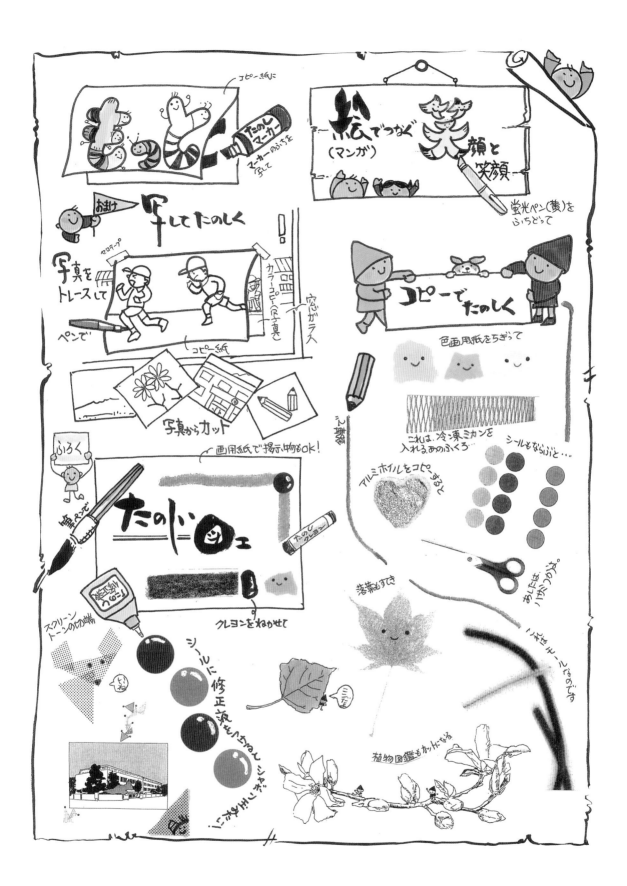

絵でつなぐ（マンガ）笑顔と笑顔

コピー紙に
たのしマーカー
マーカーのふちを写して

蛍光ペン（黄）をふちどって

おまけ
写してたのしく

写真をトレースして
ペンで
セロテープ
カラーコピー（白写真）
窓ガラス

コピー紙
写真からカット

コピーでたのしく

色画用紙をちぎって

これは、冷凍ミカンを入れるあのふくろ…

アルミホイルをコピーすると

シールもならぶと…

ふろく

画用紙で掲示物もOK！

たのしヒ工

筆ペンで
たのしクレヨン
修正液へのこ

スクリーントーンの切り場
シールに修正液を入れるとシャ

クレヨンをねかせて

落葉もすてき

ミニだ

植物図鑑もカットになる

79

かけたら いいな

気分は イラストレーター

- ・鉛筆 (B・2B程度)
- ・コピー紙 B4判or A4判 (レイアウトシートも可)
- ・消しゴム (よく消えるもの)
- ・ボールペン(ゲルインク)・ドローイングペン(水性)

こんなことも あんなことも できたらいいなぁ。
あこがれだけでは 身に付きません。

ここでは. 子どもや保護者が喜んでくれる
「絵がかけたら」を目標にして「ヤリイカ」に
なりましょう。

タラボウシ

ヤリイカ
ボウシ

ヤリましょう！
イカす先生に
なるよ!!

あこがれ
夢 から 目標へ

あれも これも ではなく。
何かひとつ「これをやってみよう」と
いうように 行動にうつすことが, 次への
学びにつながります。

技能は, やってみ
なければ 高まら
ない。!!

A. ケーキ

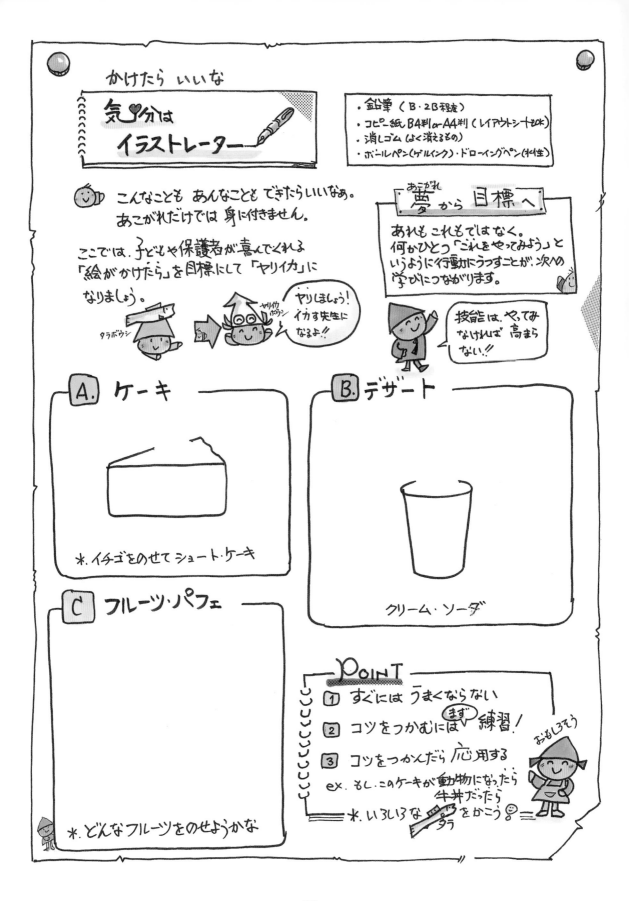

*. イチゴをのせて ショート・ケーキ

B. デザート

クリーム・ソーダ

C フルーツ・パフェ

*. どんな フルーツをのせようかな

POINT

1 すぐには うまくならない

2 コツをつかむには まず 練習！

3 コツをつかんだら 応用する

ex. もし このケーキが 動物になったら
牛丼だったら

*. いろいろな タラ をかこう

おもしろそう

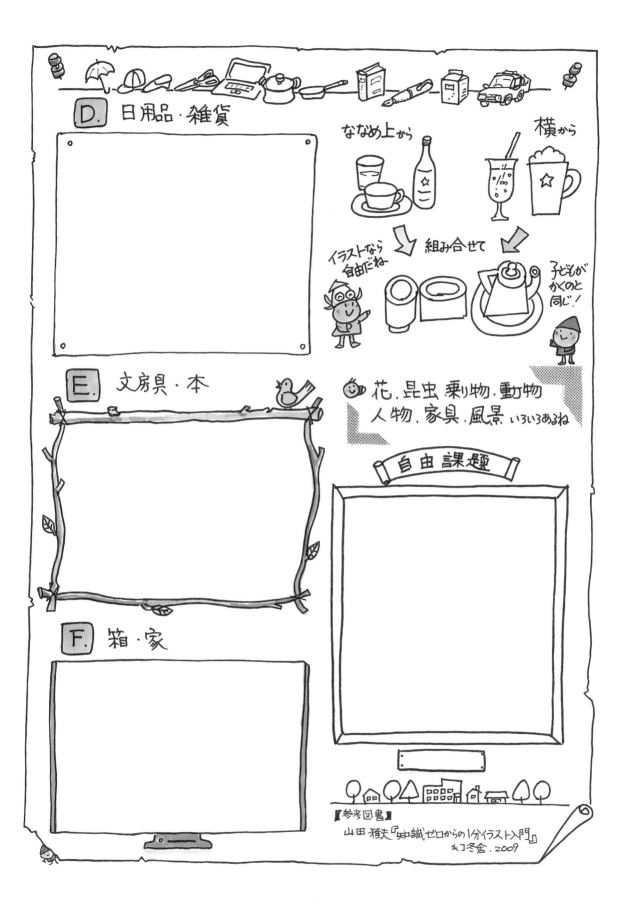

D. 日用品・雑貨

ななめ上から　　　横から

イラストなら自由だね　組み合せて　子どもがかくのと同じ！

E. 文房具・本

花．昆虫．乗り物．動物
人物．家具．風景 いろいろあるね

自由課題

F. 箱・家

『参考図書』
山田 雅夫『知識ゼロからの1分イラスト入門』
幻冬舎．2009

絵あそびしよう

写して 楽しく

<材料・用具>
・Ａ４判 コピー紙（トレースペーパー）
・ボールペン（ゲルインク）他

 写真や図鑑の上に、うすい紙（コピー紙など）を置いて ペンで
なぞってみよう。かいた絵を切取って貼ろう

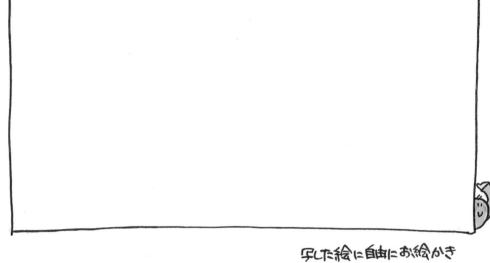

写した絵に自由にお絵かき

窓ガラスに写真を透かすとかきやすいよ！

粘着テープ
写真（コピー等）
うすい紙　窓ガラス

筆ペンでかいた（写して）

植物図鑑から

82

かけたら いいな

おたより名人 になろう

見てわかる！

集中 と 余白
↓　　　　↓
伝えたいこと　スッキリ

レイアウト の あれこれ

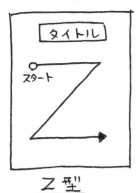

Z型

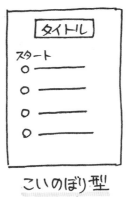

こいのぼり型

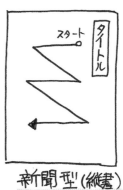

新聞型(縦書)

縦位置

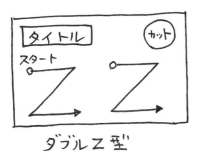

ダブルZ型

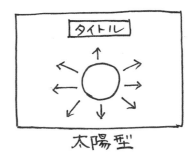

太陽型

横位置

伝えたいことは 何?!

1. 短い表現で ― はっきりわかって おもしろい！

2. 相手の立場で ― 相手意識をもって！(具体的な人を想像して)

3. 著作権や個人情報の流出 (流用) など 法令や人権を守る

読む時間 のない人のための『見るおたより』 忙しい?

A. デコるん

2

おしゃれしちゃおう!!

B. ふちどるん

黄色マーカーの一文字をふちどる
(水性ペンでOK)
＊・黄色マーカーは,印刷(白黒.)すると見えない

C. キャッチ・コピーをつくろう

- 運動会の案内
- まめまき
- 手洗い
- 卒園式

etc

【参考】 型にとらわれず 自分のアイデアで

ダブルZ型

太陽型

テーマの例
「私のカバンの中身」「おいしかった 晩ごはん解説」
「家から学校までの通学路」「日曜日の 私の生活」
「食品の解剖」「私を探検すると…」
「おいしい○○のつくり方」「私の故郷○○」 など

D. かいてみよう

- テーマを参考にしながら
  用紙(コピー紙など)に練習
- ① 横か、縦位置にするか
- ② タイトルの位置を決める
- ③ かきたいことのブロックを
  □などでレイアウトする
- ④ 短い言葉を書きこむ

  鉛筆など

- ⑤ 枠などをペン描きする
- ⑥ ペンで文字を書きこむ

  ボールペンなど

- ⑦ 消しゴムで鉛筆の線を
  消す

タイトル：

お知らせ　△△通信　□□新聞

発行日
〇〇幼稚園
▲■■組

あいさつ文：園庭のサクラが…　運動会の練習が…　おおきな〇〇が園庭に実りました。…

気を付けて
- うがい・手洗い…
- 避難訓練をしました。防災について，ご家庭でも…

行事予定：
〇月〇日（日）には

トピック記事：
こんなことがありました！

お知らせ

無料イラスト枠の利用

おねがい：
〇〇を集めています。ご家庭にある不用になった〇〇を…

枠も楽しく

シールの枠を利用したポスター例

シールを使って

ちぎった色紙
を使って

マスキングテープを使って

マイ便箋をつくろう

文房具のシールを利用して

学生作品

写真をコラージュした
封筒と便箋の学生作品

写真に罫線をのせてマイ・便箋

　好きな写真に，無地の便箋や一筆箋をのせて，カラーコピーすると，自分だけの便箋ができあがります。雑誌の写真に薄手の便箋やコピー紙を貼ってもできます。（スキャナーの付いているコピー機であればデータにしておくこともできます。）

　長い文章でなくても，気持ちも伝わります。工夫次第で，いろいろ楽しめます。

A4 判の写真に便箋枠を置いてカラーコピー
したマイ・便箋の横書きと縦書きの例です。

落ち葉をコピー機において，印刷したり，A4 判の額縁の
画像に横書き枠をおいてコピーしたりした便箋の例です。

89

A. 雑誌でつくる絵封筒　―つくり方の手順―

　簡単な絵封筒のつくり方を紹介します。好きな写真雑誌を切り抜いて封筒にします。ここではハガキなどが入る大きさの封筒（洋形2号）をつくります。不要になった封筒を解体し，見本にしながら厚紙で型をつくります。どのような封筒も一枚の紙からできていますから，お好みの封筒ができます。お年玉を入れるポチ袋や底の広いマチの入った袋もつくることもできます。

【用具】

はさみ，接着剤（口紅タイプのスティックのり，木工用ボンド，テープのり），両面テープ（細幅手芸用5mm幅があるとよい），カッターナイフ，ボールペン（跡を付けるための使用済みのものでもよい），定規，カッター板，洋形2号の型紙（参照）

両面テープ
（5mm×20m
2巻入 NM−5）
細幅手芸用

30cm定規
（カッターナイフ
対応金属付）

テープのり
（はるタイプ　8.4mm）

封筒をつくるための用具

　洋形２号（はがき大）の封筒をつくる場合には，A4 判以上の封筒の表面に合いそうな写真雑誌やカタログ，チラシなどを集めます。透明ファイルや箱に保管しておきます。大きさ別や種類ごとに分けて保存するのもいいでしょう。

その去年のカレンダーの写真いいわね。捨てないで切り取っておいたらどう。

このお気に入りの雑誌は捨てる前にこのページとっておこう。

このポスターの掲示期限が切れたら使えそう。楽しいのができるよ。

クリアファイルにラベルを付けて写真を整理しておくと、季節や行事に合わせてつくることができるので便利です。

集めた雑誌やチラシ他

2　写真を切り取る

　切り取る写真は，風景などが無難です。人物が登場する写真の場合は，折り込んだりする際に隠れたり，欠けたりすることもあるので注意しましょう。花や建物はもちろん，並んだ食材や文房具なども魅力的です。

　カッターナイフで雑誌などから切り取る場合は，安全に十分注意します。安定した場所で，雑誌をしっかり押さえて，数回に分けて切るつもりで切りましょう。また，自分の体を傷つけることはもちろんですが，机に傷つけないように，カッター板や古新聞などを敷いて切ると安心です。

雑誌から切り取った写真のページ

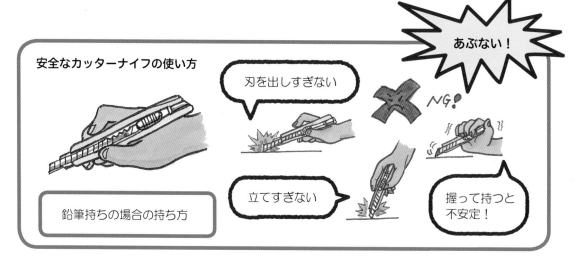

安全なカッターナイフの使い方

あぶない！

刃を出しすぎない

NG!

鉛筆持ちの場合の持ち方

立てすぎない

握って持つと不安定！

92

3 型に合わせて切る

　ここでは 11 cm×16 cm の洋形2号の型紙を使ってつくります。裏に折りこむ2つの面には，のりしろを加えて8cmと5.5 cmとしています。

　Ａ4判の雑誌やチラシが収まる大きさになっています。チラシなどの上に型紙を置いて，ボールペンでなぞっていきます。はさみで切るときは，線の内側を切るとボールペンの線が消えます。

はさみを回さず，紙を回しながら切ります。はさみは，パチンパチンと切ると，ふぞろいになります。サクサクと切り続けることです。

はさみは紙に垂直に立てて切ります。刃をねかせないようにします。

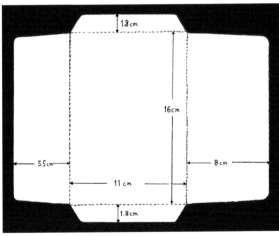

「洋形2号」の厚紙の型の例と、クリアファイルや工作用紙の型紙

「はさみ」のルール

・はさみを持ったら、走らないこと

・ポケットに入れて持ち歩かないこと

・使った後や移動するときには所定の場所に置くこと

・渡すときは相手に刃先を向けないこと

安全なはさみの渡し方

型を当てるときには，封筒の表面が，どのような図柄になるか確かめます。また，切手を貼る位置や宛先を書く場所も考えて型紙を置きます。半透明のクリアファイルの型を利用すると，仕上がりを見通すことができます。

また，雑誌の場合は裏のページの写真にも好みの写真などある場合がありますから，注意しましょう。著作権などが気になるようなものは予め避ける方がいいでしょう。また，無関係な個人情報が，表面に入り込むようなことは避けましょう。

クリアファイルを
型にしてつくる

クリアファイル（ピンク色）の型紙をチラシの上に載せて切り取りの位置を決める

型のまわりをボールペンなどでなぞる

型に沿って切り取ったチラシ

だめ！

はさみが自分の方へ向かうのは危ない！

だめ！

はさみと紙の回し方が逆です。

4　封筒に組み立てる

　切り取った紙を封筒に組み立てます。折り目に定規を当て，書けないボールペンなどでなぞるなどして折ります。のりが，のりしろからはみ出ないように接着します。光沢のある雑誌などは，水を含ませるのり式切手では，乾燥するとはがれることがあるので，両面テープやのりなども加えて固定します。粘着シール式切手の方がしっかり固定されます。右下の写真の宛名・宛先には事務用のシールを貼っています。

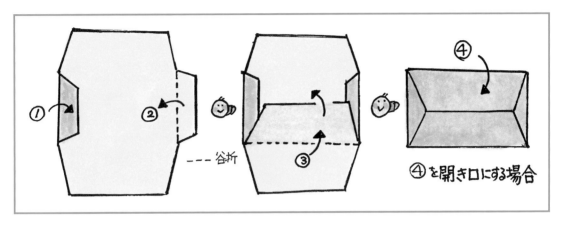

--- 谷折

④を開き口にする場合

はさみを閉じて折り目を付けると折りやすい

　切り取った紙を折り目に沿って組み立てます。絵柄に合わせて「開き口」を決め，郵便物を入れて閉じます。

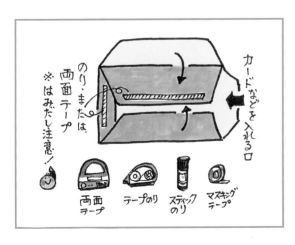

カードなどを入れる口

のり，または両面テープ
※はみだし注意！

両面テープ　テープのり　スティックのり　マスキングテープ

封筒に開けた穴から中のカードが見えるように工夫しています。

絵封筒をもっと楽しく

シールで楽しく

　封筒には宛名・宛先がはっきり判明できるようにします。郵便局の仕事に支障のないようにします。郵便のルールを守りながら楽しく絵をかいたり，シールで飾ったりすることができます。シールの他に，各種のマスキングテープでも楽しくできます。しかし，シールなどが他の郵便物に付いて破損させたりしないように，しっかり固定することが大切です。

シールをペタペタ貼ると楽しいよ！

カードで楽しく

　菓子類のカード，使用済みのカード類なども楽しい装飾品です。固定には，粘着両面テープなどでしっかり接着することが大切です。また，封筒の表面にものを貼る場合，凸凹が多いものは，はがれたり他の郵便物を傷つけたりする可能性があるので避けましょう。

この記念カードなつかしいなあ…

カード各種：お菓子の付録のカード，使用済みの切符や入場券なども使えます。

B．絵をかいてつくる絵封筒

　ここでは定形郵便の封筒の大きさにかいた絵をカラーコピーして，封筒に貼り付けて郵送する方法と，封筒に直接，絵をかいて，世界に一つの絵封筒をつくる方法の二つを紹介します。

【材料・用具】
　各種カラーペン（水性ペン，ポスカ，コピック，マッキーなど），色鉛筆，スタンプ，カラー筆ペン，白封筒（洋形２号・長形３号などの定形郵便）
※クレヨンやパス，コンテ，チョークなどの色落ちする描画材は避けましょう。

コピック：いろいろな色があり，お気に入りの色が見つかります。

カラー筆ペン：風合いのある絵がかけます。

色鉛筆：手軽に淡い感じが絶妙です。

スタンプ：絵のついたスケジュール用も楽しい！

ポスカ：水性顔料のよさを生かしてはっきりした絵になります。

カラーペン：水性・油性があり，細字・中字で透明感のある絵がかけます。

カラーコピーを貼り付けて絵封筒

　定形郵便の封筒の大きさよりも，５mm程度ずつ少し内側になるようにして，絵をかきます。絵をかくときには，宛先と切手を貼る場所を大まかに決めてかきましょう。特殊切手（記念切手など）に合わせて，絵のデザインを決めてもいいでしょう。コピー機でカラーコピーした紙を，カッターナイフと定規で所定の大きさに切ってから接着します。はがれないように紙の四つ角に接着剤をはみ出さないように付けて貼ります。下記の参考例は「コピック」を使用しています。

切手をコピーして使うのは違法です！

額縁に絵のような切手を貼って楽しみます。

図書館の掲示板に切手を貼って送ります。

アトリエの額縁やキャンバスに切手を貼ります。

世界に一つだけのカラーペンでかく絵封筒

　定形郵便の白封筒にカラーペンや色鉛筆などで絵をかきます。その際，宛先や切手を貼る場所は予め考えて絵をかきはじめます。絵の具などはしっかり乾燥させることが大切です。また，水分を多く含むことから封筒が変形することがありますので気を付けましょう。雑誌の切り抜きやシールなどを貼る（コラージュ）場合は，輸送途中ではがれないようにしっかり接着することが大切です。

「ありがとう」
の絵封筒

次節のJ1リーグ，
いっしょに応援に行
こう！チケット持参
します。

「いっしょに」
の絵封筒

卒業（転勤）します。
ありがとうございました。

「おめでとう」
の絵封筒

話したり、見合ったりする
と、いろいろなアイデアが
浮かびます。

使用済みのカードを貼って
「ご無沙汰しています」の
手紙です。

切手の花束を添えて、お
祝いのメッセージを入れ
て送るとうれしい！

小人たちの音楽に合わせてパレードです。
発表会の招待状や案内を送ります。

写真の作品は、長形３号（縦長）と洋形３
号（横長）があります。

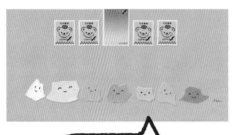

残った色画用紙で貼
り絵しました。切手
も並んで楽しい！

工夫すると楽しいこといっぱい！

　　３枚１組の封筒です。１
枚目を見て？　何だろう。
２枚目が来て、もしかして、
そう蝶です。世界一大きな
蝶の実物大になります。

1 通目

2 通目

「いろいろ試してみること
が大切です。手を動かすこと
で生まれるアイデアがたくさ
んあります。

切手から発想を広げてかく

特殊（記念）切手を一枚選んで定形郵便の白封筒の上に貼ります。切手から発想した絵などをカラーペンや色鉛筆でかき加えていきます。風景が広がったり，物語が生まれたり，世界にたった一つの絵封筒ができあがります。

特殊（記念）切手には，さまざまな種類とともに色鮮やかなものもあるので，いろいろある切手から選ぶのも楽しい活動です。

特殊切手（中央）の「ぐりとぐら」の横に，小人さんたちも一緒に食べている絵をかきました。

雪景色の切手から周りの風景を色鉛筆で続けてみました。

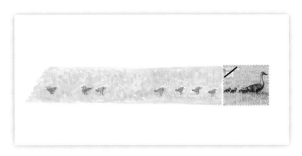

アヒルが親子で歩いている切手から，その後に続く子どもを想像してかきました。

凧の形をした特殊切手から凧あげをしている小人さんをかきました。

花の特殊切手（中央）をもとに、野原に二人の小人さんをかきました。

C. スタンプでつくる絵封筒

消しゴムはんこでつくる

　定形郵便の白封筒に，自分でつくった「消しゴムはんこ」を押して，オリジナルの封筒をつくります。彫刻刀や消しゴムはんこ用のゴム版があるといいですね。もちろんプラスチック消しゴムでつくることができます。四角や○（まる）などの複数の形を，インクにつけて絵にすることもできます。スタンプ台も黒以外もあると楽しいですね。

白封筒にはんこを押した学生作品

【図書紹介】
つくって楽しい　届いてうれしい
『絵封筒の ABC』
阿部宏行（文・絵）
日本文教出版，2022
【ISBN】978-4-536-65002-1
【価格】¥1,320

▼ Amazon 商品情報▼

＊本書は「絵封筒づくりガイドブック」です。「絵本」
　と「封筒と便箋の型紙」が付いて，幼児からシニア
　まで気軽に，絵封筒づくりを楽しむことができます。

Amazon：https://www.amazon.co.jp/dp/4536650024

マイ便箋と絵封筒のレシピ

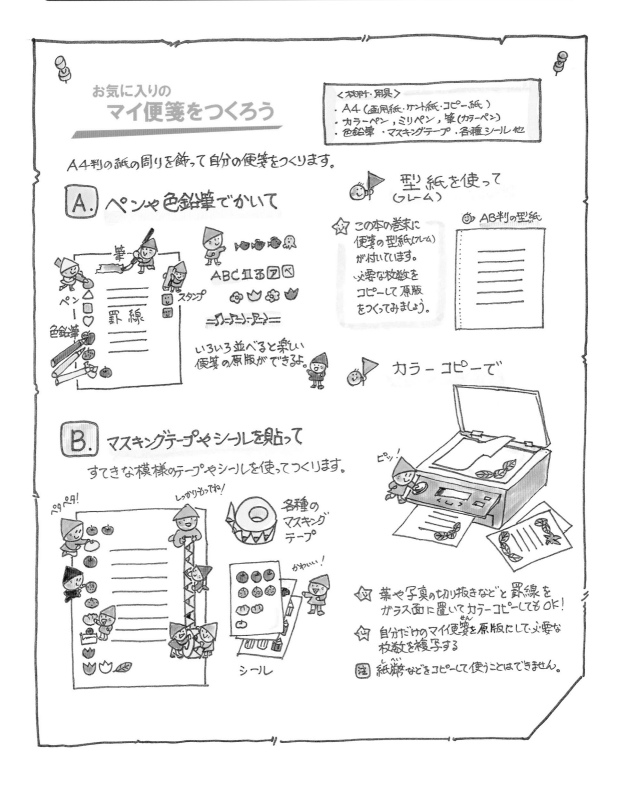

お気に入りの
マイ便箋をつくろう

<材料・用具>
・A4（画用紙・ケント紙・コピー紙）
・カラーペン，ミリペン，筆（カラーペン）
・色鉛筆・マスキングテープ・各種シール 他

A4判の紙の周りを飾って自分の便箋をつくります。

A. ペンや色鉛筆でかいて

筆
ペン
色鉛筆
スタンプ
罫線
ABC 12 ろ ア ベ

いろいろ並べると楽しい便箋の原版ができるよ。

型紙を使って（フレーム）

☆ この本の巻末に便箋の型紙（フレーム）が付いています。
必要な枚数をコピーして原版をつくってみましょう。

AB判の型紙

カラーコピーで

ピッ！

B. マスキングテープやシールを貼って

すてきな模様のテープやシールを使ってつくります。

プチプチ！
しっかりもってね！
各種のマスキングテープ
かわいい！
シール

☆ 葉や写真の切り抜きなどと罫線をガラス面に置いてカラーコピーしてもOK！

☆ 自分だけのマイ便箋を原版にして必要な枚数を複写する

注 紙幣などをコピーして使うことはできません。

つくって みよう

絵封筒シリーズ A.

雑誌で絵封筒をつくる

〈材料・用具〉
・不用のカレンダー や 雑誌の写真, 封筒の型
・接着剤 (スティックのり, 両面テープ, 木工用ボンド 他)
・はさみ ・あて名シール ・切手 ・定規

1. 材料を集めよう

すてるの もったいない!

きれい!

・不用になったカレンダー

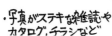

・写真がステキな雑誌や カタログ, チラシなど

集めるポイント

■ 紙の大きさ：A4判より大きな写真がよい (小さいのは ポチ袋)

■ 紙の厚さ：薄いと破損, 厚すぎると折りが難しい

■ 写真の種類
　・風景がよい (人物は封筒の折り方によって 顔などが 欠けたり弱ることがあるので 避ける)
　・抽象的, デザイン的な図柄も楽しい

古雑誌の「ステキ!」と感じたページを切り離して, 大きさや種類ごとに, クリアファイルや箱に保管する

使いやすいように!

2. 型紙を当ててなぞる

洋形2号 (ハガキ・ポストカード・L版写真が入る) をつくってみよう
(定形郵便)

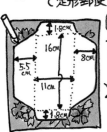

線の内側を切る

なぞった線 を切る

ゆっくり ていねいに!

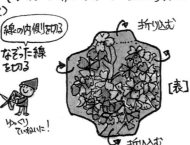

折り込む

[表]

折り込む

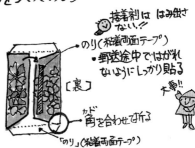

接着剤は はみ出さ ない!!

・のり (粘着両面テープ)
・郵送途中ではがれ ないようにしっかり貼る

[裏]

大事!!

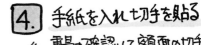

カド 角を合わせて折る

「のり」(粘着両面テープ)

3. あて名や切手を貼る場所を決める

あて名用シールに記入するなど あて先が はっきりわかるようにする

4. 手紙を入れ切手を貼る

重量を確認して 額面の切手を 貼る

定形郵便

令和元年 (2019)10月以降

25gまで	84円
50gまで	94円

◎50g以上は 定形外扱いになる

つくったら ポストに 入れる!

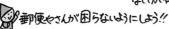
切手に絵や文字は書かない　　切手やのりがはがれていないか確認する

郵便やさんが困らないようにしよう!!

ワクワク

ウキウキ

私が とどけます!

知っておきたい
手紙を送るマナー

・封筒の素材は、消印が押せない、宛名が消える、切手がはがれるようなものは避けること

・重さや大きさによって郵便料金が変わるので不安なときは郵便局窓口で確認すること

相手に届くことが大切

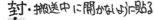

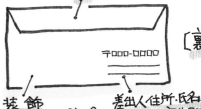

封・搬送中に開かないように貼る

[裏] はっきり書こう!

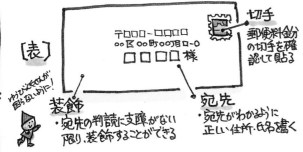

切手
郵便料金の切手を確認して貼る

[表]

ゆうびんきょくでけしいんが困らないように!

装飾
・宛先の判読に支障がない限り、装飾することができる

宛先
・宛先がわかるように正しい住所・氏名を書く

装飾
・シールなどを貼る場合は、はがれないように貼る

差出人住所・氏名
・万が一宛先不明などの場合に戻るように明記する

定形郵便で送る (50gまで)

【D:長辺 W:短辺 H:厚さ】(単位 mm)

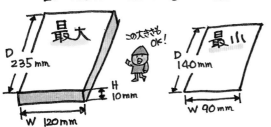

最大
D 235mm
H 10mm
W 120mm

この大きさもOK!

最小
D 140mm
W 90mm

定形郵便: 25gまで **84円** ・ 50gまで **94円**

定形外郵便で送る

・定形郵便に当てはまらない封書は定形外郵便で送ることができます。

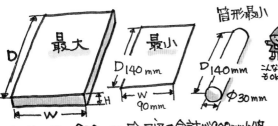

最大
D
H
W

最小
D 140mm
W 90mm

筒形最小
D 140mm
Φ 30mm

こんな形もOK!

W+H+D=900mm ⇨ 三辺の合計が900mm以内

D=600mm ⇨ 長辺(D)が600mm以内

◤ 定形外郵便の重量と料金

【規格内と規格外】

・50gを超えると定形外郵便になります。(4kg以上内)

重量	規格内	規格外
50gまで	120円	200円
100gまで	140円	220円
150gまで	210円	300円
250gまで	250円	350円
500gまで	390円	510円
1kgまで	580円	710円
2kgまで		1040円
4kgまで		1350円

4kgまで定形外!

規格内	長辺D	340mm
	短辺W	250mm
	厚さH	30mm

・送る前に大きさと重さを確認すること

＊普通便は損害賠償の対象になりません。貴重品や重要書類を送らないこと

これ送ることできる?

形が変わっているものや素材が特殊なものも定形外郵便で送ることができます。

知らなかっただけ

「バカじゃなくて，勉強する機会がなかったから知らないだけ」というのは，元早大ラグビー部監督中村竜二さんの言葉（朝日新聞夕刊 2022.12.22）です。これは部活動での監督の行き過ぎた「怒る」指導について言っています。

教職時代を振り返ると，わが身に置き換えても，同じような指導があったと，心にばつの悪さが生じて耳が赤らみます。この「耳が赤らむ」状態を指して「恥」という言葉になったと言います。これは部活には限りません。授業で怒鳴ったことが何度もありました。子どもたちの委縮した表情を今でも目に浮かべることができます。子どもとの心の行き違いに気づくことができず，一方的に「教える」という言葉に押しだされ，「叱る」ことから感情が高ぶり，「怒る」になっていたのです。

図工の授業でも，自分が伝えたいことが伝わらない，自分が大事だと思っていたことと子どもの大事にしたいことが違っていたのに気付かず怒るなど，要因はいくつも見つかります。これは子どもの声に耳を傾けていなかったのが最大の要因です。

その一つが，子どもの大事にしていたのは，「自分なりに工夫して表したい」ということだったのです。私は，指示説明することが親切なことと捉え，自分なりの要求が過度になり，子どもが工夫してつくる喜びを奪っていたのです。

「カラービニル袋で服をつくって変身！」の授業で，先生をめざす学生の感想に「自分がつくりたいもの，なりたいものになれるのは，子どもの夢であり，ワクワクするものであることを感じました。理想に近づけるために，<u>どう工夫するのか，上手にできている人に声をかけてみることで学べるし，その工夫を考えること自体も成長になる</u>と考えます」（大学 2 年女子）と書いています。ここには「学び合う」や「教え合う」喜びがあります。そのもとになっているのが「工夫して表す」という創造性の育ちにあります。「こうしたい」というイメージが，創造的な「技能」によって「形」となって現れているのです。子ども自身が工夫できる題材を提案することで得られる資質・能力の獲得なのです。

子どもが工夫できる幅のある題材や指導であったなら，すれ違いは起こらなかったかもしれません。「ここみて！ここには秘密の〇〇があるんだ！」「〇〇ちゃんの，ここが，すごいんだよ！」と工夫したことを伝えてきたものに「すごいね！」「そうきたか！」と共感する指導がみえてきます。叱る・怒る指導とは対極にある肯定する指導です。

さて，「怒り」をコントロールする「アンガーマネジメント」の一つに「6 秒ルール」があります。怒りを感じたときの 6 秒間に身の回りを観察して待つことや深呼吸して待つことで，落ち着くことができるといいます。

子どもの側に叱られる原因などないかもしれません。「私が，これまでに，このようなときの対処法を学んでこなかったのかもしれない。知らなかっただけ。」

＊白川静『常用字解』平凡社，2003，P434

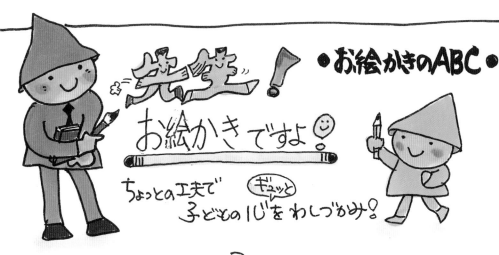

●お絵かきのABC●

先生！

お絵かきですよ 😊

ちょっとの工夫で ギュッと 子どもの心を わしづかみ！

━━ 板書に おたよりに 子どものノートに
活用法は いろいろ ━━

心に 備えておきましょう！！

1. 楽しかったら
それでよし！

2. 「絵」の「具」になるものを
さがそう！
・人・動物・もの

3. はじめに 絵や図をレイアウト！
文字情報は. 短く必要なことをかく

4. ⚫⚫ ふきだしや小道具で より 楽しく！

5. 有名なキャラクターを真似て 「似てない！」と言われるより
My キャラクターをつくろう

手塚治虫のことばより

「教師になる人は 少なくとも
漫画の「ま」の字くらい知って
いて (中略) 子どもとの理解
を深めるべきだと思う」(p228)

━━ 手塚治虫「マンガの描き方」
光文社 カッパホームス
1977年(初版) ※復刻本あります。

おしらせ

どんなに つたなくとも
ぎこちなくとも、お母さん
が、わが子に描く絵には
かぎりない 愛がある。
～手塚治虫～

人 をかく（顔） 🦀 1

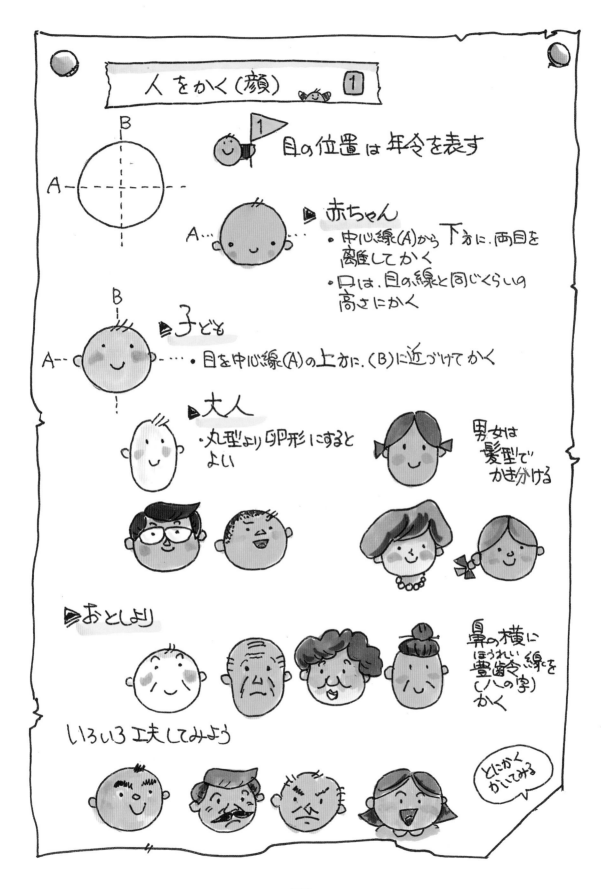

1 目の位置は 年令を表す

▷ 赤ちゃん
- 中心線(A)から 下方に、両目を 離してかく
- 口は、目の線と同じくらいの 高さにかく

▷ 子ども
- 目を中心線(A)の上方に、(B)に近づけて かく

▷ 大人
- 丸型より 卵形にすると よい

男女は 髪型で かき分ける

▷ おとしより

鼻の横に ほうれい 豊齢 線を (八の字) かく

いろいろ 工夫 してみよう

とにかく かいてみる

人をかく（顔）②

② 鼻は 向きを表す

正面　　横　　上　　下　　こんにちは

③ 表情は、まゆ・口・目で表す

OK!　　プン！

♪　きんちょー！　イター！　おすまし　　エーン！

こまってます　あせってます　手やぼうしを使って表情をもっと豊かに

109

人をかく（全体）③

4 体は、かんたんでよい。

大小関係は比べるものがあるとわかる。

赤ちゃんは、2頭身

女の子　男の子

スカート　ズボン

・服装や小道具で表す

5 手足は動きを表す

手足は自由にのびる

流線をかいても○に！

いろいろ工夫できるね。

丸の上に4本　横に1本　（拇指対向性）

親指は4つを見る

手

さぁ、どうぞ！

動物をかく

6 動物は 形をかえると 耳で 表す

基本形　くま　ねこ　うさぎ　いぬ

目を工夫すると　　　　　顔の形を工夫すると

パンダ　たぬき　　　　さる　きつね

7 しっぽも効果的！

8 体は かんたんに！

擬人化してOK！

いろいろ工夫してみよう！

強そうな動物は四角で！

111

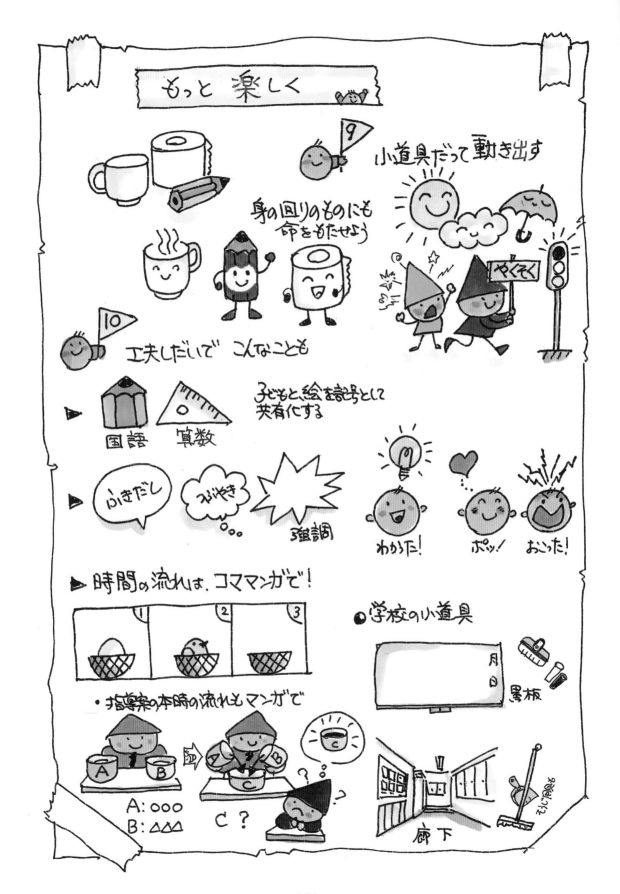

もっと 楽しく

身の回りのものにも
命をもたせよう

小道具だって 動き出す

やくそく

工夫しだいで こんなことも

国語 算数

子どもと絵を記号として
共有化する

ふきだし つぶやき 強調

わかった! ポッ! おこった!

▶ 時間の流れは、コママンガで！

① ② ③

・指導案の本時の流れもマンガで

A: ooo
B: △△△
C ?

●学校の小道具

月
日
黒板

廊下

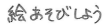 絵あそび しよう

 かんたん **絵本をつくろう**

〈材料・用具〉
・A3判コピー用紙・鉛筆
・色鉛筆 ・カラーペン ・はさみ 他

 ① **4コマに ちょうせん！**（時間のあるストーリー）

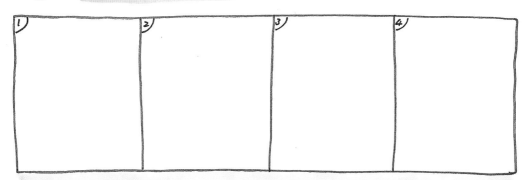

1	2	3	4

② かんたん **絵本にちょうせん**

〈例〉

A3判 コピー用紙

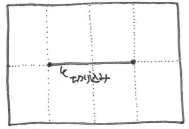

切り込み

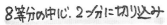 8等分の中心、2ツ分に切り込み

5	4	3	2
6	7	8	1

＊. 上下に気をつけて！

③ **6コマ＋表・裏表紙＝8ページの絵本を考える**

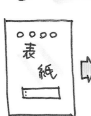 ○○○○ 表紙

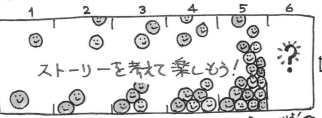
1　2　3　4　5　6
ストーリーを考えて 楽しもう！

裏表紙

＊. 友だちと絵本を見せ合おう

学生作品

どんなストーリーにしようかな。例えば「ねこと風船」「不思議な種に水をあげたら…」「ある朝，起きると！」など，空想の芽が，どんどん広がります。

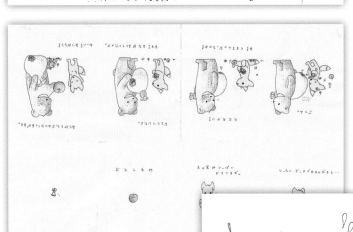

５	４	３	２
６	７	８	１

　左上の絵本は，表紙が1にあります。裏表紙が8です。折り方によって，1と8の場所が変わります。縦書きの文章の場合（右下の絵本）には，反対回りになります。裏にもかけますから，16コマの絵本をつくることもできます。

　いろいろ工夫すると楽しい絵本になります。

Ⅱ 学びのABC

―指導（保育）の実践編―

4 表現に関する執務

環境づくり ～展示・表示・装飾～

　環境を通して行う教育は，子どもに直接働きかけるのではなく，子どもに経験させたい内容を環境の中に組み入れて，主体的な活動が生まれることを待つ，間接的な教育といえます。園や教室を飾る「誕生表」は，自身の成長を示す証だけでなく，友だちと成長を共有することができます。また，自身の係のマークなども，主体的な活動につながる間接的な教育といえます。

　ここでの環境づくりは，園などの「雰囲気」をつくる大切な役割があります。

　子どもの作品の「展示」は，子どもの表現を大切にしていることを示します。保護者にとっても，園での様子を思い浮かべ，子どもの成長を実感することができます。

　「表示」は，子どもや訪問者などへの的確な行動を促す役割があります。季節ごとの「装飾」は，園や教室の明るさや，元気をもたらす働きがあります。

　「装飾」については，インターネット等で無料素材を拡大して掲示することもでき，効率的で，短時間にできます。

　でも，ここでは敢えて，「ひと手間の工夫」を大切にしています。それは「ハンドメイド（手づくり）」が，人の心を温かく，豊かにするからです。「子育て」に効率などありません。手間を惜しまず育てる心と同じなのです。

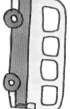

子どもの作品と壁面装飾の扱い

　子どもが自身でかいたりつくったりした作品は，子ども自身の資質・能力を発揮してつくりあげたものです。ですから，一つ一つの作品は「子ども」そのものです。一方で，壁面装飾として，どれも同じように仕上げさせたものは，「作業」の結果です。前者の「製作」（表現）には，子ども一人一人の創意や工夫があります。その作品には，その子どもの個性が宿っています。しかし，「作業」によるものは，誰がつくったのかもわからない「無名性」の雰囲気づくりの「飾り」なのです。指導の場において大切なのは，誰が表現したのかという「無名性ではなく有名性」です。園の雰囲気づくりのために，子どもに「作業」の手伝いをさせてはいけません。

こたえはひとつじゃない！　―創造性の育成

　この造形表現の授業を通して，表現する楽しさを味わうこと，自分のこうしたいという思いを実現することの大切さは，創造性の育成につながっています。それは，誰かに決められたことを正解として縛られることなく，新たな答を導き出したとしたら，それは素晴らしいことだと考えるからです。常に一つの答しかないのではありません。造形表現の主体者は自分自身です。心に思ってください。

　　創造は，
　　　①時間を超える「ゆとり」です。制約からは生まれない。
　　　②空間を超える「空想」です。現実志向からは生まれない。
　　　③常識を超える「非常識」です。既成からは生まれない。
　　　④失敗を超える「挑戦」です。失敗を恐れては生まれない。

　先生が「見本と同じようにつくるように」「言われたとおりにつくるように」としたならば，一つの答を求めることになります。子どもの思いや考えを止めないことです。思考停止こそが創造性を妨害しているのです。

参考：伊藤隆二，坂野登編『子どもの知能と創造性』日本文化科学社，1987

こたえは ひとつじゃない！

どんな姿をしているのでしょう。見た人の話から絵をかいてみよう。

アイスクリームが好物みたいだよ

はねがはえていたよ

大きかったよ。ジャンプしたらすごいよ。

目が大きくてキラキラしてたよ。わらうとかわいいよ。

ふしぎな生き物だ

マイキャラクター

なまえ

自分のキャラクターをかいてみよう。笑い顔やおこった顔、動きなどいろいろかいてみよう。

かざって楽しく ①

環境づくり 〜展示・表示・装飾〜

・全判画用紙 ・色画用紙各種 , のり
・はさみ ・カッターナイフ ・定規 , 両面粘着テープ
・身の回りにある材料　　他

壁面を楽しく飾ろう 〜テーマを決めて〜

1 春・夏・秋・冬の季節の飾り

2 行事(遠足 , 運動会 , 発表会 , 卒園式…)

3 学級(誕生月 , 生活 , 保健関連 , 係や当番 , 時程 , 予定表…)

90cm×180cm(畳やベニヤ1枚分)の大きさに下絵をつくろう

(サイン)
表　示

こっち! ○△ホール

はっきり伝わる

トイレ

たのしい!

絵本の部屋

=あそんだ=
あとは

うがい　てあらい

絵でわかる

啓発掲示

あぶない!!

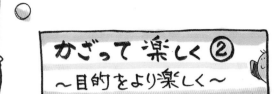

かざって楽しく②
～目的をより楽しく～

かざり

教育の場としての環境づくり

人にある「飾る」という本性

子どもは、先生の指示通りに「作業」するロボットではありません。

作業と製作(つくること)はちがいます。子どもの思いや願いを大切にした「製作」の作品を展示することに意味や価値があります。

吊すくふう

画用紙など　2ヶ所に半分切り込み

半分に折る → 切る

高さを調整するのに便利

針金(ワイヤー)

紙をはさんで使う

【目的をより楽しくする】

〈 かたづけ 〉

少しのくふうで

Box

ふきだし

〈色別に分けて材料箱〉

・並べて きれい
・並べると 絵になる
・しかけ がある…

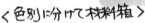
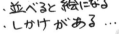

た
単純な形
・形も色も簡単に

ち
小さな材料
・材料が無駄にならない

つ
吊してきれい
・吊して美しいデザイン
・吊し方も簡単

て
手軽にできる
・短時間にできる

と
統一感がある
・同じ形での統一
・色の組み合せ

吊すかざりをつくろう

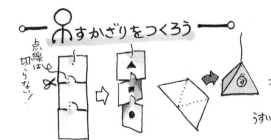

点線は切らない!

ステンシルでかざろう!

切り抜く

うすい紙

木工ボンド　絵の具

タンポ

わゴム　タンポでおす

色画用紙

〈とき〉を生きる

コラム

　中島みゆきが作詞・作曲した「永久欠番」[1]の歌詞には,「街は回って
いく　ひと一人消えた日も　何も変わる様子もなく　忙しく忙しく先へと
かけがえのないものなどないと風は吹く」とあります。続いて「愛した人
の席がからっぽになった朝　もうだれも座らせないと人は誓ったはず　で
も　その思い出を知らぬ他人が平気で座ってしまうもの」といいます。個
人の思いを超えて,世の中は動き続けます。

　人間に与えられたものの一つに,「死」があります。私たちは「生まれ
たら死ぬ」というのはみな同じです。「死」は誰にも平等にあります。生
きている時間の長さの差に違いがあってもです。

　樹木希林が遺した「いつかは死ぬではなく　いつでも死ぬ」[2]という言
葉にも,与えられた命を,その刹那刹那をいかに生きるかを問うているよ
うに感じます。時間は,ものさしのように計測できる長さです。

　人生の〈とき〉は,時間の長さではなく個人の密度といえます。その人
その人によって異なる長さであり,生きてきたことの軌跡なのです。

　「死」は個人のものでありながら,その人を取り巻く人たちの「記憶」
でもあります。

　中島みゆきの歌詞の最後は,「100億の人々が忘れても　見捨てても
宇宙（そら）の掌の中　人は永久欠番」と続きます。与えられた命は,他
の人の記憶に宿り,そして,遺り,生き続けるのです。

　今を生きている,この〈とき〉は,これからの自分を決めていくので
す。これからが,これまでを決めるのです[3]。

1) 中島みゆき「永久欠番」（リンクコード：https://www.uta-net.com/movie/54883/）
2) 樹木希林『朝日新聞』連載「人生の贈りもの」2018年5月掲載
3) 佐治晴夫『14歳のための時間論』春秋社，2012

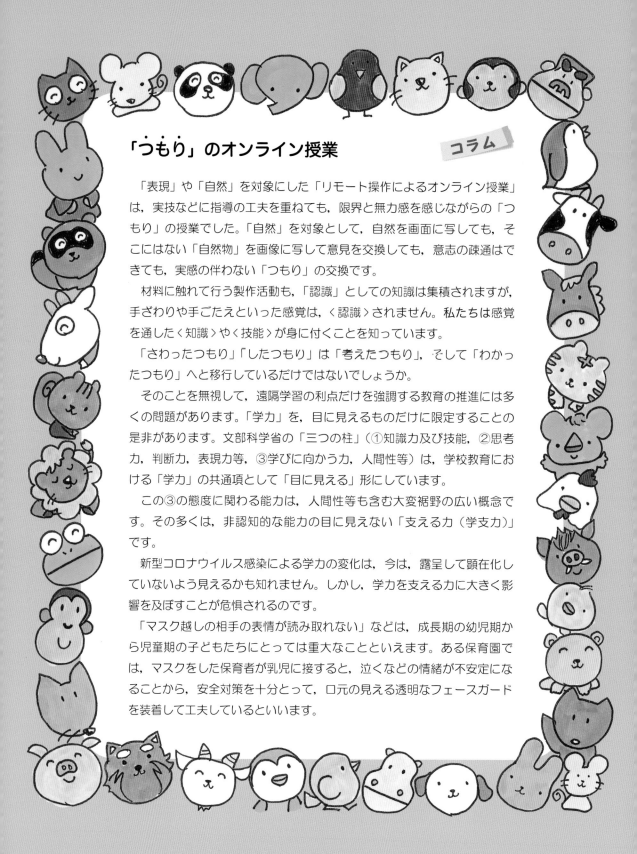

「つもり」のオンライン授業

　「表現」や「自然」を対象にした「リモート操作によるオンライン授業」は，実技などに指導の工夫を重ねても，限界と無力感を感じながらの「つもり」の授業でした。「自然」を対象として，自然を画面に写しても，そこにはない「自然物」を画像に写して意見を交換しても，意志の疎通はできても，実感の伴わない「つもり」の交換です。

　材料に触れて行う製作活動も，「認識」としての知識は集積されますが，手ざわりや手ごたえといった感覚は，〈認識〉されません。私たちは感覚を通した〈知識〉やく技能〉が身に付くことを知っています。

　「さわったつもり」「したつもり」は「考えたつもり」，そして「わかったつもり」へと移行しているだけではないでしょうか。

　そのことを無視して，遠隔学習の利点だけを強調する教育の推進には多くの問題があります。「学力」を，目に見えるものだけに限定することの是非があります。文部科学省の「三つの柱」（①知識力及び技能，②思考力，判断力，表現力等，③学びに向かう力，人間性等）は，学校教育における「学力」の共通項として「目に見える」形にしています。

　この③の態度に関わる能力は，人間性等も含む大変裾野の広い概念です。その多くは，非認知的な能力の目に見えない「支える力（学支力）」です。

　新型コロナウイルス感染による学力の変化は，今は，露呈して顕在化していないよう見えるかも知れません。しかし，学力を支える力に大きく影響を及ぼすことが危惧されるのです。

　「マスク越しの相手の表情が読み取れない」などは，成長期の幼児期から児童期の子どもたちにとっては重大なことといえます。ある保育園では，マスクをした保育者が乳児に接すると，泣くなどの情緒が不安定になることから，安全対策を十分とって，口元の見える透明なフェースガードを装着して工夫しているといいます。

Ⅲ 自然と遊ぶ ABC

―理論・実践編―

キンダー・ガーテン（子どもの庭）

　子どもの庭は，「すてき」に満ちています。

　ドイツのフレーベルは，1839年に過酷な労働を強いられていた子どもたちを自宅に集め「子どもの庭」（kinder garten）と名付けました。これが幼稚園の発祥です。

　子どもたちにとって庭は多くのことを学ぶことができる場です。キンダー・ガーテン（幼稚園の意）の庭は，子どもにとっての宇宙であり，地球であり，すてきな世界なのです。子どもは，そこに住む住人なのです。

　自然は多くのことを私たちに教えてくれます。

　庭（自然）は，地球人として必要なことのすべてを与えてくれます。

　庭にある豊かさは，草や花，虫や鳥などの小動物も，地球でいっしょに生きる友だちです。

　小さきものにも心を通わせる，やさしさをもつことが，地球人としてのパスポートです。

　散歩は，出会いを生み出します。

　生きとし生けるものとなかよしになる，すてきな時間です。

　さあ，一歩　二歩　散歩です。

　きっかけは，いつも偶然　でもそれは必然　さあ，散歩に出かけましょう。

フレーベルが生まれたオーベルバッハにある広大な庭のあるフレーベル幼稚園（旧東ドイツ）2016.1.28
注）施設管理者の許可を得て筆者撮影

自然と遊ぼう

安全と散歩
　子どもの育ちと散歩

■どうして散歩をするの？

　幼児にとって，散歩はどのような意味をもつでしょうか。健康面の身体的な発達もあるでしょう。「これは何？」といった知的な気付きもあるでしょう。そして，自然の恩恵を全身の感覚で受け入れる感性の働きもあるでしょう。幼稚園教育要領や保育所保育指針などの「環境」の領域では「周囲のさまざまな環境に好奇心や探究心をもって関わり，それらを生活に取り入れていこうとする力を養う」とあります。

　ここでは「周囲のさまざまな環境」のうち「自然」を対象として，歩く，探索するという人間本来の行為から得られる「育ち」を考えていきたいと思います。学校教育法第23条では「身近な社会生活，生命及び自然に対する興味を養い，それらに対する正しい理解と態度及び思考力の芽生えを養うこと」とあります。つまり，子どもの身の回りにある「こと」（事象）や「もの」（対象）からの学びになります。

■散歩と育ち

　保育に欠かすことのできない「自然とのかかわり」（環境）で，子どもにどのような育ちが認められるのでしょうか。ここでは3つの観点でみていきます。

　ア　身体的な機能の発達
　　・「歩く」という動作は，全身の機能の発達を一層促す
　イ　外界からの刺激による知的な発達
　　・好奇心からイメージ（想像力）そして創造性を育む
　　・気付き（認知面）から情操（情意面）を育む
　ウ　情緒などの情操を養うこと
　　・生きている「命」にふれる

■日本人の自然観：「自然（しぜん）」と「自然（じねん）」

　日本には普段「自然（しぜん）」という読み方はあっても「じねん」という使い方はほとんどありません。「自然（しぜん）」は人為が加わった人工物に対して、人為が加わらない環境のことをいいます。「自然（じねん）」は仏教用語で「少しも人為の加わらないこと」「自ずからそうであること」（日本国語大辞典）などの仏教そのものの真理を表しています。

　「自然（しぜん）」のように、人間を除いた自然界，山や川，動植物を指す言葉はもともと日本語には存在しませんでした。明治以降の西洋思想の移入により、つくられた言葉の「自然（しぜん）」です。つまり、古来から日本には人間と自然界の間に隔たりをつくらず，生きとし生けるものとしての自然（じねん）であり，「あるものがあるようにしてあるだけ」という精神風土があるといわれています。

自然と遊ぼう

> 安全と散歩
>   子どもの育ちと散歩

■「散歩」の法的な根拠　〜保育所の設置基準から見えるもの

　幼稚園は，その設置に関わって「幼稚園設置基準　第8条」の【園地，園舎及び運動場】の項目があり，「園舎及び運動場は，同一の敷地内又は隣接する位置に設けることを原則とする」とあります。一方，保育所は，児童福祉施設最低基準について，保育所の設備の基準は，「五 満二歳以上の幼児を入所させる保育所には，保育室又は遊戯室，屋外遊戯場（保育所の付近にある屋外遊戯場に代わるべき場所を含む。以下同じ）」とあります。幼稚園は設置するときに，「同一敷地内」または「隣接する位置」に運動場（園庭）が必要です。保育所は，その設置趣旨にある託児の考えから保護者の職場などとの関係で広い敷地を確保することが難しいこともあり，「屋外遊戯場」に関して「代わるべき場所」として，近隣の「公園」などが代替できるとしているのです。近隣の「公園」での遊びを実施するためには，その目的地までの道中が「散歩」になります。幼稚園は敷地内の園庭で遊ぶことができるのに対して，保育所の散歩は，近接する代替地への移動として必要性から生じるものといえます。

■安全配慮

　幼児の場合，大人と同じ行動をとるとは限りません。「子どもの命を守る」安全への配慮は，保育者としての最も大切なことです。散歩は「複数」の保育者で安全を確保しながら，突然の出来事に対して安全に配慮して「散歩」を行うことが必要です。

■幼児の目の高さから見えるもの

　幼児の場合，歩く速度も，歩幅も，そして身長も，保育者とは異なります。
　目的地までの柱や壁，車の陰，駐車場，工事中の道路なども，危険個所です。散歩の前には，子どもの目線で，危険個所などないか予め検証することが大切です。

■散歩のポイント

　1歩：心豊かに体で感じよう：全身の感覚を使って感じる
　2歩：不思議を感じよう：「センス・オブ・ワンダー」
　散歩：ゆっくり　じっくり　子どもの時間：気付きを大切にする

自然と遊ぼう

安全と散歩
　　散歩の指導のポイント 10

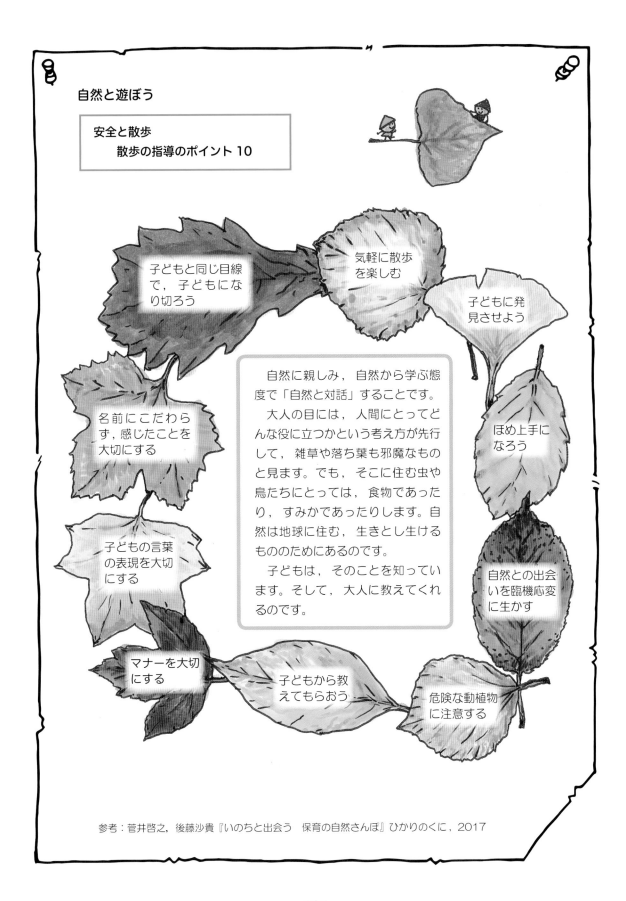

子どもと同じ目線
で，子どもにな
り切ろう

気軽に散歩
を楽しむ

子どもに発
見させよう

名前にこだわら
ず，感じたことを
大切にする

ほめ上手に
なろう

子どもの言葉
の表現を大切
にする

自然との出会
いを臨機応変
に生かす

マナーを大切
にする

子どもから教
えてもらおう

危険な動植物
に注意する

　自然に親しみ，自然から学ぶ態
度で「自然と対話」することです。
　大人の目には，人間にとってど
んな役に立つかという考え方が先行
して，雑草や落ち葉も邪魔なもの
と見ます。でも，そこに住む虫や
鳥たちにとっては，食物であった
り，すみかであったりします。自
然は地球に住む，生きとし生ける
もののためにあるのです。
　子どもは，そのことを知ってい
ます。そして，大人に教えてくれ
るのです。

参考：菅井啓之，後藤沙貴『いのちと出会う　保育の自然さんぽ』ひかりのくに，2017

127

自然と遊ぼう

安全と散歩
　散歩で育むポイント 10

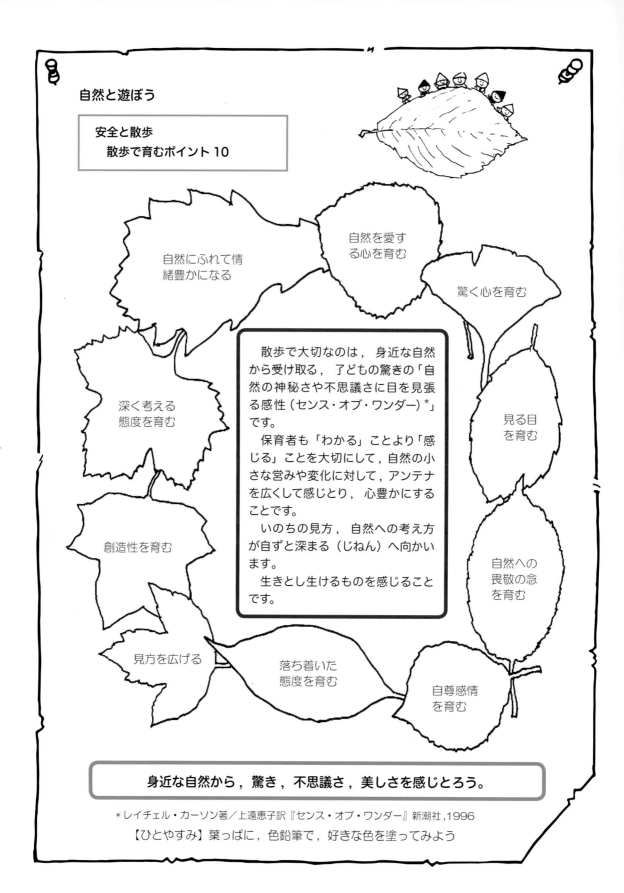

自然にふれて情
緒豊かになる

自然を愛す
る心を育む

驚く心を育む

深く考える
態度を育む

　散歩で大切なのは，身近な自然
から受け取る，子どもの驚きの「自
然の神秘さや不思議さに目を見張
る感性（センス・オブ・ワンダー）*」
です。
　保育者も「わかる」ことより「感
じる」ことを大切にして，自然の小
さな営みや変化に対して，アンテナ
を広くして感じとり，心豊かにする
ことです。
　いのちの見方，自然への考え方
が自ずと深まる（じねん）へ向かい
ます。
　生きとし生けるものを感じること
です。

見る目
を育む

創造性を育む

自然への
畏敬の念
を育む

見方を広げる

落ち着いた
態度を育む

自尊感情
を育む

身近な自然から，驚き，不思議さ，美しさを感じとろう。

*レイチェル・カーソン著／上遠恵子訳『センス・オブ・ワンダー』新潮社,1996

【ひとやすみ】葉っぱに，色鉛筆で，好きな色を塗ってみよう

自然と遊ぼう

散歩の Q&A
　　充実した散歩を実施するために

Q：周りに自然がない都市部で，自然とふれあうことができない。

　豊かな自然があるところには，魅力もあります。でも，都市部でも，見慣れた散歩道にも，自然との出会いはあります。硬いアスファルトを打ち破って芽をだすタンポポ，軒先の庭に咲く草花，スズメやカラスも飛び回って生きています。見上げた空には，面白い形をした雲，落ち葉を舞い上げる風など，目を向けることで，さまざまな自然との出会いが生まれます。

Q：いつも同じ散歩コースなので変えた方がいい？

　いつも同じ散歩コースなのでマンネリと感じている保育者の意識の問題です。同じ散歩コースでも，季節による違いや，いつも通るコースだからこそ，変化に気付くことができます。マンネリを解消するには，意識の向け方を変えて見ることです。同じ場所でも，時間や日によって違いがありますし，散歩する子どもたちの視線の先には違いがあります。コースを変える際には，事前に下見するなど，安全の確保には十分配慮することが大切です。

Q：「秋をさがそう」としたけれど，秋に関係のないものも？

　季節を区別するのは，大人でも難しいですね。「秋だから落ち葉」など大人の「季節」の概念もつくられたものです。そのとき子どもが全身で感じたことやものが大切です。季節の中で「感じたこと」「気づいたこと」を保育者が見い出し認めてあげる姿勢が重要です。子どもは季節を体で感じ，大人は頭で捉えようとしているのです。子どもの見方・考え方に寄り添うことが大切です。

Q：雨の日の散歩って大変そう。必要なの？

　季節や雨の程度にもよりますが，長靴を履いて散歩する体験は，非日常のできごとをもたらしてくれます。雨粒や雨音，葉を揺らす雨など，普段とは違うさまざまな様子を見せてくれます。水たまりも，子どもたちは大好きです。天気のよい日とは違う雨の日の散歩を楽しみましょう。

参考：菅井啓之，後藤沙貴『いのちと出会う　保育の自然さんぽ』ひかりのくに，2017

自然と遊ぼう

> 一本の木・花・草から学ぼう！
> 　〜一枚図鑑をつくろう〜

■ 一本の木から学べること

　都市部に住んでいても，街路樹，他人の庭まで含めると，木々に囲まれていることに気付きます。毎日見慣れた木々でも，年間を通すと，その変化にも気付きます。見慣れてしまうと，新しい発見に気付かないままになってしまいます。「自然」は命です。

　散歩を通して，自然という「命」にふれるのです。昆虫や小動物だけが命ではありません。雑草と言われる草も，土の中にいるミミズもです。その土も，木々の落ち葉や，川から運ばれた石や砂からできています。私たちは，多くの「命」に囲まれて生きているのです。澄んだ目で見つめる幼児の先にある「命」を愛おしく感じる心こそが「感性」であり，情操へとつながっているのです。

　一本の木の葉が，赤くなり始めました。美しい形や色を発見しました。おや，子どもが，地面に落ちている実を見つけましたよ。そこから子どもは何を学んでいくのでしょうか。保育者は，それをどう支援するのでしょうか。

■ 〈いのち〉を感じる

　春に新芽を見て〈いのち〉を感じることがあります。でも，その命はつながって，今があります。身の回りにある木々の命は，人と同じ「成長」のための鼓動です。春の季節にだけ，見いだすものではありません。葉を落とした冬の木々にも，春を待つ冬芽があります。
　子どもとともに，木の命，そして，その命から授かった木々の葉にも〈いのち〉を感じることができます。
　造形という表現手段を用いながら，生活を豊かに生きることも，自然の恩恵に預かる人間の大いなる営みです。

■ 気づきから理解，そして共感へ

　散歩していると，いろいろな発見があります。でも，意識しないと見えないものもあります。気づきは認識の入口でもあります。知ることは，そのものの意味や価値を見つけることができます。知ることで，対象を理解することができて，共感することができます。「共感」は，知ることで生まれる心情を併せもったものです。

みつけよう　しらべよう　まとめよう
自然からの贈り物　草・花

春，道端でみつけたタンポポ。散歩が楽しくなります。チョウなどの虫たちも集まってきます。

タンポポ（蒲公英）
・セイヨウタンポポ
（外来種）

つぼみの形や茎を切り取ると両側の反った形が鼓に似ているので「鼓草」ともいうよ。
　鼓の音は、「♪タンタン　ポンポン」これがタンポポの語源です。（諸説あり）

綿毛のひとつ

強い風を利用して飛んでいくよ

実（種）　いってきまーす！

めしべ

おしべ

花びら

子房

小花（舌状花）

英名のダンデライオンは「ライオンの歯」のようにギザギザしているからだよ

葉

ギザギザ！

根は太くて長く地下に伸びているよ

タンポポ（蒲公英）：セイヨウタンポポ

　キク科タンポポ属の多年草でヨーロッパ原産の帰化植物です。日本の在来種とは，花の集まっている部分の外側が反る点で異なります。1904年に札幌農学校のアメリカ人教師が野菜として日本に持ち込んだという説があります。当初は日本の在来タンポポを駆逐しているとされましたが，多くの場合，外来と在来は住み分けているといわれています。

＊タンポポのひみつ＊

　冬のタンポポは【ロゼット型】といって地面に円形で張り付くようにしています。これは地面に葉を広げて太陽の光をたくさんもらうためです。こうして春をじっと待っています。

みつけよう　しらべよう　まとめよう
自然からの贈り物　葉・実・種

秋，道端でみつけた実・種。どこから来たの？
お空の近くの木の枝からやってきたんだよ。
秋のプレゼントです。

なんだろう？

カエデの仲間は 翼果（よくか」と
呼ばれる果実をつけるよ

イタヤカエデ（カエデ科）
葉がカエルの手に似ているので
「カエル手 → カエデ（楓）」だよ

＊紅葉と楓のひみつ＊

　葉の切れ込みの少ないのが「楓」で，
大きいのが「紅葉」という人もいます。
楓の仲間には，切れ込みのないものもあ
ります。

上方に空気の
渦流をつくって
少しでも滞空
時間を長くして
種を飛ばそう
とするよ

イタヤカエデ（板屋楓）

　葉が20cmくらいになる落葉樹で，カエデの仲間で
は大きな木になり，秋には黄色の葉になります。材は固
く木目が美しいので，家具やバイオリンに使われます。

＊紅葉のひみつ＊

　紅葉は「もみじ」とも読むし，
「こうよう」とも読みます。秋に
草や木の葉が赤や黄色に変わる
ことを「もみち」と言ってたん
だって。

自然と遊ぼう

みつけよう　しらべよう　まとめよう 自然からの贈り物　葉・実・種	秋，街路樹の下で見つけた実・種。秋を彩る色とりどりの木の葉。秋の色のプレゼントです。

散歩していたら
見つけたよ

何に！これ？　　どこから？

スズカケノキ
（スズカケノキ科）

プラタナスの名で知られる
街路樹。実が木に鈴を
かけたように見えるよ

うちわみたい　大きな葉だね

スズカケノキ（鈴懸の木）

　葉が20ｃｍくらいになる落葉樹です。虫害や刈込に強いので街路樹に適しています。実は球状で鈴のようになります。樹皮は，青白く，外皮がはげ，まだら模様の迷彩柄のようです。

＊メープルのひみつ＊

　カエデの仲間で北アメリカ原産の「砂糖楓」は，その名の通り，樹液から砂糖（メープルシロップ）を抽出します。メープルは，カナダ国旗のデザインにも使われています。

札幌大学構内のカエデ（紅葉）

自然と遊ぼう

> みつけよう　しらべよう　まとめよう
> 自然からの贈り物　葉・実・種

秋，道端でみつけた葉と実。あなたのお母さんはどこ？　あのね。みんなで「行ってきます」をしてきたよ。

これは何？

実？

種？

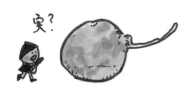

＊銀杏のひみつ＊
実が熟すと強い臭いがします。かぶれの原因にもなります。銀杏は，年の数までともいわれ，腹痛を起こすことに関連しています。茶わん蒸しやおこわなどに入れて食べます。

イチョウ（銀杏）
ギンナン

あった！

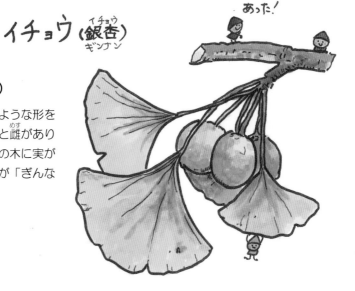

イチョウ（銀杏）
　葉の形が扇のような形をしています。雄と雌があります。秋には雌の木に実がなります。これが「ぎんなん」です。

北海道庁前のイチョウ並木

イチョウは虫がつきにくく，火災にも強いので，街路樹などに使われます。秋には葉が黄色に染まるので，街の風景を彩ります。

＊東京都のマーク＊

自然と遊ぼう

> みつけよう　しらべよう　まとめよう
> 自然からの贈り物　虫

> 春から夏，ひらひら飛ぶ虫発見！
> 空に，草花の上に，まるで，色の宝石が
> 舞うように飛んでいます。

キアゲハ (アゲハチョウ科)

＊幼虫のひみつ＊
体の色を鳥のフン
のように変えて身を
守るよ。冬はさなぎ
で越冬するよ。

キアゲハの幼虫
びっくりした？

びっくりすると
オレンジ色の臭角を
出すよ

キアゲハ（黄揚羽：アゲハチョウ科）

　世界に広く分布して，よく見られます。セリ科の植
物を食草します。家庭菜園でパセリなどを栽培すると
卵を産むかもしれないよ。

モンシロチョウ (シロチョウ科)

花のみつを吸ってるよ

＊蝶と蛾の違い＊
蝶は羽を立てて，
蛾は羽を開いて止まる
よ。触覚の先が丸くふ
くらんでいるのが蝶だ
よ。

モンシロチョウ　他
（紋白蝶：シロチョウ科）

　畑などの身近な環境でよく見ることができま
す。このごろは，外来の大きめのオオモンシロ
チョウが多くなってきました。また，秋まで飛
んでいるのが，黄色のモンキチョウ（紋黄蝶）
だよ。北海道には「エゾシロチョウ」という
スジのきれいなチョウもいるよ。でも，幼虫が
桜やリンゴの木に発生して葉や新芽を食べるの
で，嫌われているよ。

モンシロチョウの
幼虫

オオモンシロチョウの幼虫

　幼虫はアブラナ科のダイコンやキャベ
ツなどの葉を食べるので，農家の人には
害虫とされているよ。
　チョウは生きるために食べるのにね。

自然と遊ぼう

自然からの贈り物でつくろう
葉・実・枝

秋の散歩は，季節の贈り物にたくさん出会えます。この実は何？誰が食べるの？イメージを広げると森や林の動物や妖精に会うことができます。

あつめたよ
きれいな葉

ナナカマド

ミズナラ

厚めの雑誌の
間に1枚1枚
をはさんで
4〜5日乾燥
させる

テーブルなどの
上に置いて重い本
をのせる

【押し葉で絵】

ダンボール板

木工用ボンドを
うすくのばして使う

【リース・オーナメント】

ダンボール板　穴

リボン

やけどに
注意！

木工用ボンドで
接着する

グルーガン（ホットボンド）
《木工用ボンドが つけに
くいとこ3》

森のランチ

お弁当だ！

空箱

クリームボンド

絵の具

チャック付き
ビニール袋

ボンド

よく混ぜたあと
カドをはさみで
切る

森のケーキやさん

おいしそう

いい〜！

液体紙ねん土

キャップ

クリームボンド

アルミカップ　プリンカップ

片面ダンボール

136

自然と遊ぼう

> 自然からの贈り物でつくろう
> リースでかざろう

外は雪，室内には温かい暖炉の灯，今年もサンタさんが，大きなプレゼントを運んでくるかな。みんなで，室内を飾ってクリスマスの準備をしましょう。

> 木の実のリース

> 学生作品

リースには，禍（わざわい）を避けて喜びを迎え入れる飾りの意味があります。北欧では，クリスマスに，柊（ひいらぎ）とモミと，赤い実で玄関に飾ります。リースのリングは，完全な永遠を，柊などの常緑は，命の復活を表しているということです。

18㎝程度の紙皿を予め切り抜いてリングをつくる。そのままでもできます。

段ボールや厚紙をリングに切ったりして，台紙をつくります。また，手芸店などで蔦（つた）のリースを購入したり，枝などで枠をつくったりすることもできます。

幼児と一緒にするには，紙皿を利用して，いっしょにシールを貼り付けたり，葉っぱの形に切った紙を貼ったりして，楽しくつくることができます。

ダンボールを円形に切り、葉や実をグルーガンで接着します。

２歳児から一緒にできる。シールやこすり出しの葉っぱのリース

> 身辺材のリース

不用な雑誌を葉の形に切って貼り付けるリース

《自然と遊ぼう》参考図書

阿部宏行「保育（自然と遊び）に関する教材化の研究（理論編）〜幼児の散歩と自然との関わり〜」
　　『札幌大学総合論叢』第51号，札幌大学，2021

阿部宏行「保育（自然と遊び）に関する教材化の研究（実践編）〜構内の樹木を教材対象にして」
　　『札幌大学女子短期大学部紀要』第69号（通巻第83号），短期大学部，2021

・レイチェル・カーソン著／上遠恵子訳『センス・オブ・ワンダー』新潮社，1996

・絵：高森登志夫／文：萩原信介『木の本』福音館書店，1986

・雪遊び達人倶楽部編著『雪遊び達人ハンドブック』いかだ社，2008

・能條歩編著『人と自然をつなぐ教育II　自然体験教育の実践』NPO法人北海道自然体験活動サポートセンター，
　　2015

・小泉昭男『園の身近な生きものと出あう探検ブック』かもがわ出版，2013

・絵：松岡達英／文：塩野米松『野外探検大図鑑』小学館，1993

・文：さとうち藍／絵：松岡達英『自然図鑑　動物・植物を知るために』福音館書店，1986

・岩槻秀明『お散歩の草花　ポケットブック　身近な草花350種』いかだ社，2019

・菅井啓之，後藤沙貴『いのちと出会う　保育の自然さんぽ』ひかりのくに，2017

・なかいのりこ『防風林のこどもたち　こどもと保育者が育つ　まほうの森に出かけよう』みらい，2020

・大橋弘一『北海道野鳥ハンディガイド』北海道新聞社，2013

・木野田君公『札幌の昆虫』北海道大学出版会，2006

・河井大輔『SAPPORO　BIRD　GUIDE　札幌野鳥観察手帳』亜璃西社，2019

・堀繁久『探そう！ほっかいどうの虫』北海道新聞社，2006

・『生活探検大図鑑』小学館，1994

・岩藤しおい『森の工作図鑑 VOL2 落ち葉』いかだ社，2006

・おおたき　れいこ『どこでも　どんぐり』かもがわ出版，2015

・高橋京子『決定版！　12か月の自然あそび87』新星出版社，2017

・文：宇土巻子／絵：沼野正子『ヒツジのおくりもの』月刊たくさんのふしぎ「かがくのとも」小学生版,福音館書店,
　　1986

・宇土巻子『ファブリック・ワーク』Country Life Text Books Vol.4，山と渓谷社，1983

参考資料

■人物シリーズ

（A）学びを知る　　　　　　　　　　　　　　　　佐伯胖／佐藤学
（B）未知を知る　　　　　　　レイチェル・カーソン／イザベラ・バード
（C）教室から生まれる　　　　　　　　　　　　　大村はま／斎藤喜博
（D）子どもの絵　　　　　　　　　　　　　　　　北川民次／山本鼎
（E）今を学ぶ　　　　　　　　　　　　　　　　今和次郎／赤瀬川原平
（F）知を知る　　　　　　　　　　中村雄二郎／三木清／和辻哲郎
（G）心を知る　　　　　　　　河合隼雄／佐々木正美／松田道雄
（H）見えないものを科学する　　　　　　野中郁次郎／川喜田二郎
（I）時間を知る　　　　　　　　　　　　　　　　木村敏／佐治晴夫
（J）子どもを知る①　　　　J・ルソー／ペスタロッチー／J・デューイ
（K）子どもを知る②　　　　フレーベル／モンテッソーリ／マラグッツイ
（L）子どもを知る③　　　　　　　　　　　　倉橋惣三／城戸幡太郎

■子どもの発達過程　8区分【厚生労働省 平成20年版 保育所保育指針から】

教育に関する〈人物シリーズ〉

　「教育」の歴史を考えるとき，「教える」側の視点だけで捉えるのは，一方的な考えに陥ったり，方法論だけに留まったりする場合があります。

　ここに挙げる人物は，「教えられる」側の「子ども」の視点や対象となるものの側から，見つめ考えた人たちのように思います。掲載された人は，独断の選択かも知れませんので，お許しください。

（A）学びを知る　　　　　　　　　　　　　　　　　　　佐伯　胖／佐藤　学

◆わかるということ　学ぶということ ─────── 佐伯　胖

　認知心理学者であり教育学者の佐伯胖（さえきゆたか）（1939- ）は，コンピュータ教育や幼児教育にも，数々の功績を残しました。認知心理学の知見に基づく「学び」の過程の分析は画期的なものがあります。教育の問題について「学び」の観点から問題提起しています。

＊佐伯胖，藤田英典，佐藤学『学びへの誘い』東京大学出版会，1995

＊佐伯胖『幼児教育へのいざない―円熟した保育者になるために』東京大学出版会 UP選書，2001

◆学びを提唱する ───────────── 佐藤　学

　教育学者の佐藤学（さとうまなぶ）（1951- ）は，アメリカの進歩主義教育における単元学習の歴史や日本の学校カリキュラム改革の研究，「学び」の研究，教師の同僚性の研究などを推進しました。1990年代には佐伯胖とともに，「学び」ということばを教育研究や教育論に導入し，展開しています。また，「学び」を核とした学校改革の理念として「学びの共同体」を提唱しています。

＊佐藤学，今井康雄『子どもたちの想像力を育む―アート教育の思想と実践』東京大学出版会，2003

＊佐藤学『学びの身体技法』太郎次郎社，1997

◆感じることの大切さ —————— レイチェル・カーソン

　レイチェル・ルイーズ・カーソン（1907-1964）は，農薬で利用されている化学物質の危険性を取り上げた著書『沈黙の春』を執筆し，環境問題そのものに人々の目を向けさせ，環境保護運動の始まりとなりました。

　「センス・オブ・ワンダー」は「神秘さや不思議さに目をみはる感性」のことをいいます。これらは大人になると多くは失ってしまうとし，「知る」ことは「感じる」ことの半分も重要ではないといいます。[1]

＊レイチェル・カーソン著／青樹築一訳『沈黙の春』新潮社，1974

1）レイチェル・カーソン著・上遠恵子訳『センス・オブ・ワンダー』新潮社，1996

◆自ら行動し観察することの大切さ —— イザベラ・バード

　探検家イザベラ・ルーシー・バード（1831-1904）は，19世紀のイギリスの旅行家，探検家で，単身で日本に赴き，北海道にも来ました。

　函館から一人でアイヌの居住区まで馬に乗って旅するなど，その行動力と，観察する目や記録することなどに長け，世界に日本の状況を伝えました。外国人の見た「日本」が，克明に描かれています。

＊イザベラ・バード著／高梨健吉訳
　『日本奥地紀行』平凡社，2000

イザベラ・バード著／時岡敬子訳『イザベラバードの日本紀行（下）』講談社，2008

1889年刊行の別の本に描かれたアイヌ

◆教えひたる　学びひたる ─────── 大村はま

　国語教育の大村はま（1906-2005）は，単元学習など数多くのユニークで実践的な指導を行いました。優劣の意識を超えたところで生徒を授業に熱中させ，新鮮で画期的な「大村国語教室」は子どもたちだけでなく，教師や研究者，親にも刺激を与えました。

　大村の言葉に心に残るものが多くあります。「愛情や熱意とかは，ごく当たり前のこと，（中略）教師はやはり，学力をつける人，学力を養う技術を持った人です」[1] もその一つです。

＊刈谷夏子『優劣のかなたに　大村はま60のことば』筑摩書房，2007

1）　大村はま『日本の教師に伝えたいこと』筑摩書房，2006

◆教室で生み出されるドラマ ─────── 斎藤喜博

　教育者の斎藤喜博（1911-1981）は，1952年に41歳で群馬県の伊勢﨑にある「島小学校」の校長となり，11年間，「島小教育」の名で教育史に残る実践を展開しました。島小時代には毎年授業と行事（合唱，体育発表，野外劇等）を中心とした公開研究会を開き，計8回の公開研に全国から1万人近い教師，研究者が参加しました。また，卒業式で行われる呼びかけは島小校長時代に斎藤が発案したものとされています。「教師は授業で勝負する」「ゆさぶり」「介入授業」など，多くの教師に影響を与えました。

＊斎藤喜博『授業入門』国土社，1960

＊斎藤喜博著／川島浩写真『未来誕生－写真集 島小の教師と子どもの記録』一茎書房，1986

142

◆絵を描く楽しさを ─────────── 北川民次

　洋画家・版画家であり，児童美術家の北川民次（きたがわたみじ）（1894-1989）は，1914年にアメリカ，その後メキシコに渡り，22年間を過ごしました。帰国後1952年に創造美育協会の発起人となり，全国を回って「創造美育運動」のセミナーを開催しました。『絵を描く子供たち』や『子どもの絵と教育』を刊行するなど，児童画教育の実践だけでなく理論面でも活躍しました。

　昭和17（1942）年には軍事下で右下の「ジャングル」（帝教の絵本：写真復刻版）の絵をかいています。

＊北川民次『絵を描く子供たち』創風社 2004
＊文：佐藤義美／絵：北川民次『ジャングル』帝国教育会出版社，
　1942（復刻版：ほるぷ社，1978）

◆子どもに絵をかく喜びを唱える ────── 山本　鼎

　洋画家・版画家でもあり教育者でもあった山本鼎（やまもとかなえ）（1882-1946）は，1918年（大正7年）に「児童自由画の奨励」の講演を行いました。このことを契機に，子どもに自由に絵を描かせる「自由画教育運動」を推進しました。また，鼎は描きやすい画材の研究をかさね，クレパスを考案したことでも知られています。

　山本は長野で「農民美術」や版画の普及などにも尽力しました。1921年（大正10年）に東京市外雑司ヶ谷に開校された5年制の女子校「自由学園」の美術教師となり，その後20年余り教鞭をとりました。

漁夫（木版画1904）

＊山本鼎『自由画教育　小学生画』アルス，1921

◆ 「世相」を写し取る考現学 ───────── 今　和次郎

　考古学は，古い地層など調べて，出土したものから当時の様子を想像して，歴史的な意味を考える学問です。では，考現学とは何でしょう？　今，この現在を調べたり，その背景を探ったりする学問の一つです。これは，今和次郎（1888-1973）という人のつくった造語です。「今」を観察・調査し，分析考察する学問です。

　現在はビデオカメラなどが観察・記録の中心ですが，和次郎の記録媒体はメモとスケッチです。これは民俗学の柳田國男による民家研究をもとに，人々の生活の変化や街の様子を採集する手法を確立したものです。

今　和次郎のスケッチ

＊今和次郎著／藤森照信編『考現学入門』筑摩書房，1987

◆ 路上観察 ───────────── 赤瀬川原平

　芸術家の赤瀬川原平（1937-2014）は，カメラを記録媒体として，路上にある物体（主に建造物や看板など）を観察・撮影して鑑賞し合う「路上観察学会」を 1886 年に設立しました。学会と称していますが学問的な運営はしていません。路上には，役に立つことを放棄したようなものや，「どうして，そこに？」と疑問を投げかけてくる不思議なものがあります。そこには，人々が暮らした存在や営みが時間を超えて立ち表れてきます。

◆ 超芸術トマソン（出典：ウィキペディア参照）

　「超芸術」＝《芸術のように実社会にまるで役に立たないが，あたかも美しく展示・呈示されているかのような芸術よりも芸術らしい存在》の例として認識されました。　「トマソン」は，読売巨人軍に所属した元大リーガーで，空振りばかりであたかも「芸術のように美しく保存された無用の長物」という概念を指し示していたため，名称として採用されたといいます。

＊赤瀬川原平，藤森照信他編
　『路上観察学入門』筑摩書房，1993

＊赤瀬川原平編『超芸術トマソン』ちくま文庫，1987

◈臨床の知 ──────────────── 中村雄二郎

　「臨床の知」は哲学者の中村雄二郎（なかむらゆうじろう）（1925-2017）が提唱したもので，個々の場合や場所を重視して深層の現実に関わり，世界や他者がわれわれに示す隠された意味を相互行為のうちに捉える働きをするものとしています。科学の知が，客観や論理を優先するのに対して，臨床の知は個別で有機的に秩序をもち，意味なるものとして自覚して捉えることをいいます。科学の知が，主として仮説と演繹的推理と実験の反復から成り立っているのに対して，臨床の知は直感と経験と類推の積み重ねから成り立っています。そこでは特に経験が大きな働きをします。

＊中村雄二郎『臨床の知とは何か』岩波書店，1992

◈人生に一冊！ ──────────────── 三木　清

　哲学者の三木清（みききよし）（1897-1945）は著書「人生論ノート」において，「幸福」について論じています。
　「愛するもののために死んだ故に彼等は幸福であつたのでなく，反對に，彼等は幸福であつた故に愛するもののために死ぬる力を有したのである。日常の小さな仕事から，喜んで自分を犠牲にするといふに至るまで，あらゆる事柄において，幸福は力である。」[1]と書いています。この「人生論ノート」は，三木の死後，ロングセラーとなり，現在も読み継がれています。

1）三木清『人生論ノート』岩波書店，1992

◈日本を哲学する ──────────────── 和辻哲郎

　哲学者の和辻哲郎（わつじてつろう）（1889-1960）は，『古寺巡礼』『風土』などの著作で知られ，日本文化に先駆的かつ斬新な視野を開きました。また倫理学においては，個人のなかにではなく，人と人との関係におこる間柄の学として展開しました。

＊和辻哲郎『古寺巡礼』岩波書店，1979

◆人の心を看る ──────────────── 河合隼雄

　河合隼雄（1928-2007）は，著書『子どもと悪』で「いい子」を育てる教育に熱心な社会では，子どもが創造的であろうとすることさえ悪とされることがあるといいます。しかし一方では，理屈ぬきに絶対に許されない悪もあります。生きることと，悪の関係を考えるのは容易なことではありません。「いじめ」「盗み」「暴力」「うそ」「大人の悪」など，人間であることと深く関わる「悪」を，斬新な視点から問い直しています。

＊河合隼雄『カウンセリング教室』創元社，2009

◆子どもの見方・育て方────────── 佐々木正美

　児童精神科医の佐々木正美（1935-2017）は，子育てに対して，数多くの言葉を残しています。例えば「いい子とは，大人にとって都合のいい子のことです。いい子だからかわいがるのではなく，かわいがるから本当のいい子になるのです」[1]などがあります。「子どもへのまなざし」などの著書は，子育てに悩む人々に，アドバイスを送っています。

1）佐々木正美『子どもの心の育てかた』河出書房新社，2016

◆「私は赤ちゃん」育児にエール ─────── 松田道雄

　医師・育児評論家の松田道雄（1908-1998）は，開業医としての経験の蓄積と，内外の最新の医学書に目を通して，育児という未知の体験で日々不安に直面した多くの人々を元気づけました。

　「子どもの側からすれば，あまり自信のある親は，よい親ではない。子どもといっしょに人生を探求し，いっしょにそだってくれる親がいい。」（育児の百科から）

＊松田道雄『育児の百科』岩波書店，1967

◆言語化する意味　暗黙知から形式知へ ──────────── 野中郁次郎

　暗黙知（経験知）は，簡単に言葉で説明できないが，理解して使っている知識のことです。たとえば自転車に乗る場合，人は一度乗り方を覚えると年月を経ても乗り方を忘れません。自転車を乗りこなすには数々の難しい技術があるにもかかわらず，体が覚えています。でも，その乗りかたを人に言葉で説明するのが難しい，それが暗黙知です。

　経営学者の野中郁次郎（1935 ～）は，「暗黙知」としてある「共同化」されて行われているものを言葉という形式にする「表出化」を行い，その集団の中で，さまざまなものと連結化された「形式知」をつくりだし，再び個々の「暗黙知」に内面化する過程を経営の SECI モデルとしました。これは経営に限らず組織の改善を図るのことにも使われます。学校などでも応用されています。「学校目標」を決めるときなど，その学校にあるよさ，資源の「暗黙知」を言葉に置き換えて「形式知」にして，共同で推進可能な「合言葉」をつくりだして，目標の実現に向かう実践があります。

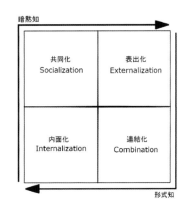

＊野中郁次郎，竹内弘高著／梅本勝博訳『知識創造企業』東洋経済新報社，1996

◆書斎科学・実験科学からの脱却 ─────── 川喜田二郎

　川喜田二郎（1920-2009）は，独創的発想を促す新技術として「野外科学的方法」を提唱し，「KJ 法」と呼ばれる発想法を生み出しました。問題に対して，情報を集め，観察・記録します。そして分類し，共通項などで統合していきます。研修会などでも，付箋を利用したグループワークなどに利用されています。「KJ」は，名前のイニシャルから来ています。

＊川喜田二郎『発想法　創造性開発のために』中央公論社，1967

◆時を考える ──────────────── 木村　敏

　精神医・精神病理学の木村敏（1931-2021）は，独自の自己論，時間論，生命論などを展開し，国内外に大きな影響を与えました。人間の心理的時間感覚を「祭りの前（アンテ・フェストゥム）」「祭りの後（ポスト・フェストゥム）」「祭りの最中（イントラ・フェストゥム）」の三つに分類し，現代思想界から注目されました。

＊木村敏『自己・あいだ・時間　現象学的精神病理学』筑摩書房，1967

◆これからが　これまでを決める ────── 佐治晴夫

　理学博士の佐治晴夫（1935- ）は，宇宙研究の成果を平和教育へのリベラルアーツであると位置付け，全国の学校への授業行脚などで知られています。「健康な人の脳波や心拍の変動は，自然界のゆらぎに近いことがわかっています。私たちも明日のことを半分は予測できて，あとの半分は予測できないからこそ，明日に夢を託して生きられるわけです。自然のからくりも，私たちの心の動きも，すべては宇宙の根源的性質をそのまま反映しています。それはつまり，私たち自身が宇宙のひとかけらの証だと言うことです。」といいます。

＊佐治晴夫『14歳のための時間論』春秋社，2012

◆小説風教育論『エミール』に学ぶ ──────── ルソー

　1762 年に刊行された，フランスの哲学者ジャン・ジャック・ルソー（1712-1778）の小説『エミール』は，主人公エミールの物語を通して，当時のフランス特権階級の教育のゆがみを批判し，子どもの本性を尊重して自然な成長を促すことが教育の根本であることを説いています。ルソー以前，子どもは「小さな大人」とみなされており，大人と子どもの明確な区別はありませんでした。彼はこの著作によって，子どもが大人とは異なる独特の存在であることを指摘しました。

＊ルソー著／今野一雄訳
『エミール』岩波書店，
1962

◆生活が陶冶する ──────── ペスタロッチー

　スイスの教育実践家ペスタロッチー（1746-1827）は，貧しい民衆と，その子どもたちの教育に生涯を捧げました。人間は生まれながら平等の人間性をもった存在であることを理念として，教育は頭（知的能力）と胸（道徳的能力），手（技術的能力）を育成することを提唱しました。「生活が陶冶する」というように，日常の生活を重視しました。

＊ペスタロッチー著・長田新訳『隠者の夕暮・
シュタンツだより』岩波書店，1993

◆教育は子どもの経験からはじまる ──────── デューイ

　アメリカの哲学者ジョン・デューイ（1859-1952）の教育思想と理論は，戦後日本の教育に大きな影響を与えました。シカゴ実験室学校の成果を踏まえ，あるべき学校の理想像を構想し，学習の内容・方法・運営を具体的に提示しました。学校は家庭や近隣の社会を縮約した小社会で，教育は子どもの経験から始まるという，活動主義の教育実践論を展開しました。子どもの個性と自主性を重んじたデューイの学説は，現在の教育に対応する実効性をもっています。

＊デューイ著／宮原誠一訳
『学校と社会』岩波書店，
1957

◆幼稚園をつくる ――― フレーベル

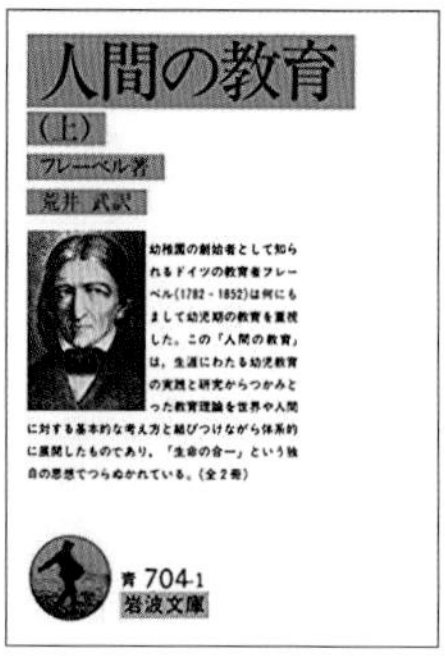

＊フレーベル著／荒井武訳『人間の教育』岩波書店，1964

ドイツの幼児教育の祖であるフリードリヒ・フレーベル（1782-1852）は，就学前の教育に尽力し，1840 年に幼稚園（Kindergarten）を設立しました。幼稚園では，お遊戯，お絵かき，生活体験などが重視され，園庭と花壇があることを重要視しました。また，「恩物」と呼ばれる子どもの創造性を引き出すための遊具も考案しました。

◆「子どもの家」をつくる ――― マリア・モンテッソーリ

＊モンテッソーリ著／鼓常良訳『幼児の秘密』国土社，1992

イタリアの医学者，教育者のマリア・モンテッソーリ（1870-1952）は，貧困家庭の子どもたちへの教育や知的・発達障害の治療教育を発展させました。医師として精神科で働いていたモンテッソーリは知的障害児へ感覚教育法を施し，知的水準を上げるという効果を見せました。1907 年に設立した貧困層の健常児を対象とした保育施設「子どもの家」において，独特な教育法を完成させ，以後，モンテッソーリ教育を実施する施設は「子どもの家」と呼ばれるようになりました。

◆「レッジョ・エミリア」の乳幼児教育をつくる ――― ローリス・マラグッツイ

＊佐藤学監修／ワタリウム美術館編集『驚くべき学びの世界―レッジョ・エミリアの幼児教育』2011

イタリアのレッジョ・エミリア市で育った教育者のローリス・マラグッツィ（1920-1994）は，1963 年に市の幼稚園設立に参画し，アトリエとアトリエリスタの導入など，独創的な発想で創設しました。1987 年の「子どもたちの 100 の言葉」展で発表された「冗談じゃない　100 のものはここにある」の詩は，幼児教育に多くの影響を与えています。

◆子どもの遊びは生活 ─────────── 倉橋惣三

*倉橋惣三『幼稚園真諦』
フレーベル館，2008

　我が国の幼児教育の先駆者倉橋惣三（くらはしそうぞう）（1882-1955）は，1917年に東京女子高等師範学校附属幼稚園（現：お茶の水女子大学附属幼稚園）の主事として勤務しました。「感化誘導」の理論を継承し，「児童中心主義」に立脚した「誘導保育論」を提唱しました。この誘導保育は，子どものありのままを尊重し，子どもの自発的な遊びの中で自己表現力を育てる保育のことです。これらを「生活を生活で生活へ」という言葉を使って表しています。この誘導保育論は，現行の幼稚園教育要領など，我が国の保育実践，保育研究に多大な貢献を果たしています。

東京女子高等師範学校附属幼稚
園での倉橋惣三と子どもたち

◆子どもは社会の子 ──────────────── 城戸幡太郎

　教育学者の城戸幡太郎（きどまんたろう）（1893-1985）は，幼児教育にも，数々の功績を残しました。子どもの社会性の育成を中心とした「社会中心主義」と呼ばれる教育理念を提唱しました。子どもを社会的存在と位置付け，生活指導のないまま自然に育てると利己的になるとして，生活指導を行う「社会的共同生活」を重視しました。また，戦前から幼保の一元化，幼児教育の普及（就学前の1年間の義務化），集団保育の研究の重要性を主張し，保育問題につながる課題を科学的・実践的に検討しました。

＊古橋和夫編『子どもの教育の原理　保育の明日をひらくために』萌文書林，2011
＊城戸幡太郎『幼児の教育』福村書店，1950

こんな人になりたい
　まどみちお（1909-2014）の詩があります。

花のまわりで　花の形
ボールのまわりで　ボールの形
ゆびのまわりで　ゆびの形
そこに　ある物を
どんな物でも　そこにあらせて
自分は　よけて
その物をそのままそっと包んでいる
自分の形は　なくして
その物の形に　なって…
まるでこの世のありとあらゆる物が
いとおしくてならず
その　ひとつひとつに
自分でなってしまいたいかのように

さて，この詩は，誰のことでしょう
か。答は「空気」です。
でも，この「空気」は，子どもを包む
親や教育者の姿を表しているようです。
もう一度読んでみてください。
こんな空気のような人に，私はなりたい。

＊まどみちお著／伊藤英治編『まど・みちお全詩集』理論社，2001
（底本・初出：「まどみちお少年詩集　しゃっくりのうた」理論社，1985）
＊まどみちお　文／絵：ささめやゆき『まどさんからの手紙　こどもたちへ』講談社，2014

「さようなら」
私たちは「さようなら」といって別れます。
「さようなら」[1]とは本来「さようであるならば」という“接続詞”なのです。それは，前に述べられたことを受けて，次に新しい行動や判断を起こすというときに使います。
「さよう（左様）」とは，その出来事が理解できて肯定的にとらえて「さようです」（そのとおり）となります。ですから，今が自分なりに納得できて次の行動をとるのです。
いままでの私を「さようなら」と肯定的にとらえて，さて，明日は新しい自分に出会えるのです。
「さようなら」は，新しい明日へのあいさつです。
それでは，みなさん「さようなら」また，会いましょう。

１）竹内整一『日本人はなぜ「さようなら」と別れるのか』ちくま書店，2018

【参考資料】：子どもの発達過程〜8区分 （厚生労働省 平成20年版 保育所保育指針）

　子どもの発達過程は，おおむね次に示す8つの区分としてとらえられる。ただし，この区分は，同年齢の子どもの均一的な発達の基準ではなく，一人一人の子どもの発達過程としてとらえるべきものである。

（1）おおむね6ヶ月未満		誕生後，母体内から外界への急激な環境の変化に適応し，著しい発達が見られる。首がすわり，手足の動きが活発になり，その後，寝返り，腹ばいなどの全身の動きが活発になる。視覚，聴覚などの感覚の発達はめざましく，泣く，笑うなどの表情の変化や体の動き，喃語（なんご）などで自分の欲求を表現し，これに応答的に関わる特定の大人との間に情緒的な絆（きずな）が形成される。
	①	「著しい発達」：生後3ヶ月頃には，周囲の人や物を見つめたり，見回したりする。また，人の話し声の方向をみるようになる。生後4ヶ月までに首がすわり，5ヶ月ぐらいから目の前の物をつかもうとしたり，手を口に持っていったりするなど，手足の動きが活発になる。
	②	「特定の大人と情緒的な絆」：あやすと笑うなどの社会的な微笑みへ，単純な泣き方から抑揚のある泣き方へ，様々な発声は大人と視線を交わしながら喃語へと，生まれながらに備わっていた能力が，次第に，社会的・心理的な意味を持つ。
（2）おおむね6ヶ月から1歳3ヶ月未満		座る，はう，立つ，つたい歩きといった運動機能が発達すること，及び腕や手先を意図的に動かせるようになることにより，周囲の人や物に興味を示し，探索活動が活発になる。特定の大人との応答的な関わりにより，情緒的な絆が深まり，あやしてもらうと喜ぶなどやり取りが盛んになる一方で，人見知りをするようになる。また，身近な大人との関係の中で，自分の意志や欲求を身振りなどで伝えようとし，大人から自分に向けられた気持ちや簡単な言葉がわかるようになる。食事は，離乳食から幼児食へ徐々に移行する。
	①	「運動発達」：「座る」から「歩く」へ　特に，一人歩きによって，自由に移動できることを喜び，好奇心が旺盛になる。
	②	「活発な探索活動」：自由に手が使えるようになると，触ってみたい，関わってみたいという意欲を高める。また，握り方も，掌全体から，指全体で握る状態，さらに親指と向かい合う人差し指でつまむ動作と変わっていく。
	③	「愛着と人見知り」：6ヶ月頃には身近な人の顔が分かり，愛情を込めて受容的に関わる大人とのやり取りを楽しむ。
	④	「言葉の芽生え」：声を出したり，自分の意思や欲求を喃語や身振りなどで伝える。応答関係が築かれることで，言葉によるコミュニケーションの芽生えとなる。また，指差ししながら関心を共有し，その物の名前や欲求の意味を徐々に理解していく。

（3）　おおむね1歳3ヶ月から2歳未満		歩き始め，手を使い，言葉を話すようになることにより，身近な人や身の回りの物に自発的に働きかけていく。歩く，押す，つまむ，めくるなど様々な運動機能の発達や新しい行動の獲得により，環境に働きかける意欲を高める。その中で，物をやり取りしたり，取り合ったりする姿が見られるとともに，玩具等を実物に見立てるなどの象徴機能が発達し，人や物との関わりが強まる。また，大人の言うことがわかるようになり，自分の意思を親しい大人に伝えたいという欲求が高まる。指差し，身振り，片言などを盛んに使うようになり，二語文を話し始める。
	①	「行動範囲の拡大」：歩行の獲得は，自分の意志で自分の体を動かすことができるようになり，「自分でしたい」という欲求を生活のあらゆる場面で発揮する。
	②	「象徴機能と言葉の獲得」：子どもの一語文や指差すものを言葉にして返していくなどの関わりにより，「マンマほしい」などの二語文を獲得していく。また，イメージしたものを遊具などでみたてて遊ぶようになる。この象徴機能の発達は，言葉を習得するのに重要である。
（4）　おおむね2歳		歩く，走る，跳ぶなどの基本的な運動機能や，指先の機能が発達する。それに伴い，食事，衣類の着脱など身の回りのことを自分でしようとする。また，排泄の自立のための身体的機能も整ってくる。発声が明瞭になり，語彙も著しく増加し，自分の意思や欲求を言葉で表出できるようになる。行動範囲が広がり，探索活動が盛んになる中，自我の育ちの表れとして，強く自己主張する姿が見られる。盛んに模倣し，物事の間の共通性を見出すことができるようになるとともに，象徴機能の発達により，大人と一緒に簡単なごっこ遊びを楽しむようになる。
	①	「基本的な運動機能」：自分の体を思うように動かすことができるようになる。また，ボールを投げたり，蹴ったりするなど様々な姿勢をとりながら，身体を使った遊びを繰り返して行う。
	②	「言葉を使うことの喜び」：2歳の終わり頃には，自分のしたいこと，して欲しいことを言葉で表出するようになる。遊具などを実物に見立てたり，「〜つもり」になって「〜ふり」を楽しむ。
	③	「自己主張」：「自分で」「いや」と自己主張することも多くなり，思い通りにならないと泣いたり，かんしゃくを起こしたりする。

（5）おおむね3歳		基本的な運動機能が伸び，それに伴い，食事，排泄，衣類の着脱などもほぼ自立できるようになる，話し言葉の基礎ができて，盛んに質問するなど知的興味や関心が高まる。自我がよりはっきりしてくるとともに，友達との関わりが多くなるが，実際には，同じ遊びをそれぞれが楽しんでいる平行遊びであることが多い。大人の行動や日常生活において経験したことをごっこ遊びに取り入れたり，象徴機能や観察力を発揮して，遊びの内容に発展性が見られるようになる。予想や意図，期待をもって行動できるようになる。
	①	「運動機能の高まり」：様々な動作や運動を十分に経験することにより，自分の体の動きをコントロールしたり，自らの身体感覚を高める。
	②	「基本的生活習慣の形成」：「何でも自分でできる」という意識が高まり，大人の手助けを拒むことも多くなる。
	③	「言葉の発達」：子どもの理解する語彙数が急激に増加し，日常生活での言葉のやり取りでは不自由なくできる。知的興味に基づいた質問などを通して，言葉の表現が豊かになる。
	④	「友達との関わり」： 場は共有しているがそれぞれが独立して遊ぶ。他との関わりを深めながら，共通したイメージをもって遊ぶようになる。
	⑤	「ごっこ遊びと社会性の発達」：自分のことを「ぼく」「わたし」と言うようになるなど自我が成長するにつれて，自分のこと，家族や友達，先生との関係などが分かり始める。身の回りの大人の行動や日常の経験を取り入れて再現する。絵本に登場する人物や動物に自分を同化させて考えたり，想像をふくらませたりする。
（6）おおむね4歳		全身のバランスをとる能力が発達し，体の動きが巧みになる。自然など身近な環境に積極的に関わり，様々な物の特性を知り，それらとの関わり方や遊び方を体得していく。想像力が豊かになり，目的を持って行動し，つくったり，かいたり，試したりするようになるが，自分の行動やその結果を予測して不安になるなどの葛藤も経験する。仲間とのつながりが強くなる中で，けんかも増えてくる。その一方で，決まりの大切さに気付き，守ろうとするようになる。感情が豊かになり，身近な人の気持ちを察し，少しずつ自分の気持ちを抑えられたり，我慢ができるようになってくる。
	①	「全身バランス」：4歳を過ぎる頃から，しっかりとした足取りで歩くようになるとともに，体の動きが巧みになり，活動的で，全身的な遊びも多くなる。手先が器用になり，ひもを通したり，はさみを扱えるようになる。遊びながら声をかけるなど，異なる2つの動きを同時に行えるようになる。
	②	「身近な環境への関わり」：水，砂，土，草花，虫，樹木といった身近な自然環境に興味を示し，積極的に関わろうとする。感覚を総動員して見たり触れたりしながら，物や動植物の特性を知り，より豊かな関わり方や遊び方を体得していく。また，認識力や色彩感覚などを育んでいく。
	③	「想像力の広がり」：想像力の広がりにより心が人だけでなく，他の生き物や無生物まであると信じたりする。また，大きな音や暗がり，お化けなどの恐れの気持ちを経験する。
	④	「葛藤の経験」：自分の気持ちを通そうとする思いと，時には自分の思ったとおりにいかないという不安や，つらさといった葛藤を経験する。
	⑤	「自己主張と他者の受容」：仲間といることの喜びや楽しさをより感じるようになる。主張をぶつけ合い，やり取りを重ねる中で，互いに合意していくという経験が，社会性や自己肯定感，他者を受容する感情を育む。

（7）おおむね5歳		基本的な生活習慣が身に付き，運動機能はますます伸び，喜んで運動遊びをしたり，仲間と共に活発に遊ぶ。言葉によって共通のイメージを持って遊んだり，目的に向かって集団で行動することが増える。さらに，遊びを発展させ，楽しむために，自分たちで決まりを作ったりする。また，自分なりに考えて判断したり，批判する力が生まれ，けんかを自分たちで解決しようとするなど，お互いに相手を許したり，異なる思いや考えを認めたりといった社会生活に必要な基本的な力を身に付けていく。他人の役に立つことを嬉しく感じたりして，仲間の中の一人としての自覚が生まれる。
	①	「基本的生活習慣の確立」：起床から就寝にいたるまで，生活に必要な行動のほとんどを一人でできるようになる。
	②	「運動能力の高まり」：大人が行う動きのほとんどができるようになる。手先の器用さも増し，大人の援助により，のこぎりなどの様々な用具を扱えるようになる。
	③	「目的のある集団行動」：5歳を過ぎると，物事を対比する能力が育ち，時間や空間などを意識する。また，少し先を見通しながら目的を持った活動を友達と行えるようになるなど，集団としての機能がますます高まる。
	④	「思考力の芽生え」：これまでの経験や日々の生活を通して，自分なりに考え，納得のいく理由で物事の判断ができる基礎を培っている。
	⑤	「仲間の中の人としての自覚」：集団での活動の高まりとともに，仲間の中で様々な葛藤と体験しながら成長する。仲間の必要性，仲間の中の一人としての自覚，自分への自信，友達への親しみや信頼感を高めていく。
（8）おおむね6歳		全身運動が滑らかで巧みになり，快活に跳び回るようになる。これまでの体験から，自信や，予測や見通しを立てる力が育ち，心身共に力があふれ，意欲が旺盛になる。仲間の意思を大切にしようとし，役割の分担が生まれるような協同遊びやごっこ遊びを行い，満足するまで取り組もうとする。様々な知識や経験を生かし，創意工夫を重ね，遊びを発展させる。思考力や認識力も高まり，自然事象や社会事象，文字などへの興味や関心も深まっていく。身近な大人に甘え，気持ちを休めることもあるが，様々な経験を通して自立心が一層高まっていく。
	①	「巧みな全身運動」：細やかな手の動きが一段と進み，自分のイメージしたように描いたり，ダイナミックな表現とともに細やかな製作をするなど，様々な方法で様々な材料や用具を用いて工夫する。
	②	「自主と協調の態度」：6歳児は社会生活を営む上で大切な自主と協調の姿勢や態度を身に付けていく時期である。
	③	「思考力と自立心の高まり」：様々な経験や対人関係の広がりから自立心が高まり，就学への意欲や期待に胸を弾ませる。

むすびに

子どもから宇宙がみえますか

　科学者でもあり随筆家でもある寺田寅彦の随筆に「茶わんの湯」[1] があります。

　何気ない茶わんから上がる「湯気」を見ながら，寅彦の目は，微細なものへ注がれます。そして，細やかな観察から，地球を取り巻く「大気」にまで思考が広がります。

　「ただそれだけではなんのおもしろみもなく不思議もないようですが，よく気をつけて見ていると，だんだんにいろいろの微細なことが目につき，さまざまの疑問が起こって来るはずです。」と，湯気を見ながら，目を見張る様子が伺えます。

　そして「湯げが上がるときにはいろいろの渦（うず）ができます。これがまたよく見ているとなかなかおもしろいものです。」と始まり，「茶わんの湯げなどの場合だと，もう茶わんのすぐ上から大きく渦ができて，それがかなり早く回りながら上って行きます。（底本ママ）」そして，観察している湯気の渦は，天空の大気の渦へと思考はどんどん広がっていきます。

　疑問は発見につながり，やがて断裂していた思考はつながり，より広くより深く進んでいきます。これこそが「みえないもの」を想像し，考察する「思考の楽しさ」です。

　茶わんの湯気から大気が見えるように，子どもの姿から宇宙が見えたとしたら，こんな素敵なことはありません。アンパンマンも，となりのトトロも，子どもから宇宙を見出した人による作品（表現）です。

　私たちは大人になるまでに，獲得したものと引き換えに失ったものがあるようです。

　それを「感性」と呼ぶ人がいます。わくわくする感覚や不思議さに目を見張る感覚です。

　子どもには「宇宙」があり，その「宇宙」が見えるのです。

　子どもって，いいなぁ。

1) 寺田寅彦『底本 日本の名随筆 33「水」』井上靖編，作品社 1985（昭和 60）年 7 月 25 日第 1 刷発行

森の守り人　木人 (copito)
（コビト）

木のよさと羊毛の優しさを併せもつ木工クラフト。
小さな森にすむ森の守り人コピトが紡ぎ出す物語に
心傾けながら作っています。

●芸術の森クリスマスアート展（2011年〜）
　札幌芸術の森・工芸館ホール

阿部宏行（あべひろゆき）1954年生まれ。

中央教育審議会 初等中等教育分科会教育課程部会 幼児教育部会委員，同芸術ワーキンググループ委員（平成29年），文部科学省「学習指導要領の改善に係る検討に必要な専門的作業等協力者主査（小学校図画小作）」（平成29年）などを歴任。北海道教育大学岩見沢校教授を経て札幌大学女子短期大学部こども学科教授

著書：『絵封筒のABC』日本文教出版（2022），『全学年・全内容を網羅した図画工作の指導と評価：わくわくどきどき楽しい授業！』東洋館出版社（2005），『私がつくる図画工作科の授業 ふぞろいな学習指導案』日本文教出版（2011），『平成29年度 小学校 新学習指導要領ポイント総整理 図画工作』東洋館出版社（2017），『平成29年度 小学校 新学習指導要領の展開 図画工作編』明治図書出版（2017），子どもや図工のことを学べる「ABC シリーズ」日本文教出版（2012〜2020）

なりたい〈せんせい〉になる

学びのABC
教育・保育テキスト＆ノート

2023 年 3 月 26 日発行

著　者　阿部　宏行（文・絵）

発行人　坪井　圭子

発行所　有限会社　かりん舎
　　　　札幌市豊平区平岸 3 条 9 丁目 2-5-801
　　　　URL　http://kwarin.jp/